DESENHE SUAS PRÓPRIAS FONTES

30 estudos para inspirar novas criações

DADOS INTERNACIONAIS DE CATALOGAÇÃO NA PUBLICAÇÃO (CIP)
(CÂMARA BRASILEIRA DO LIVRO, SP, BRASIL)

Seddon, Tony
Desenhe suas próprias fontes : 30 estudos para inspirar novas criações / Tony Seddon; tradução de Eliane Chaccur. -- São Paulo : Editora Senac São Paulo, 2014.

Título original: Draw your own fonts: 30 alphabets to scribble and make your own.
Glossário.
ISBN 978-85-396-0449-4

1. Letreiramento manual 2. Fontes tipográficas I. Título.

14-182s CDD- 745.6

ÍNDICE PARA CATÁLOGO SISTEMÁTICO:
Letreiramento manual : Fontes tipográficas 745.6

Tony Seddon

DESENHE SUAS PRÓPRIAS FONTES

30 estudos para inspirar novas criações

Tradução: Eliane Chaccur

Editora Senac São Paulo – São Paulo – 2014

Administração Regional do Senac no Estado de São Paulo

PRESIDENTE DO CONSELHO REGIONAL
Abram Szajman

DIRETOR DO DEPARTAMENTO REGIONAL
Luiz Francisco de A. Salgado

SUPERINTENDENTE UNIVERSITÁRIO E DE DESENVOLVIMENTO
Luiz Carlos Dourado

EDITORA SENAC SÃO PAULO
CONSELHO EDITORIAL
Luiz Francisco de A. Salgado
Luiz Carlos Dourado
Darcio Sayad Maia
Lucila Mara Sbrana Sciotti
Jeane Passos Santana

GERENTE/PUBLISHER
Jeane Passos Santana (jpassos@sp.senac.br)

COORDENAÇÃO EDITORIAL
Márcia Cavalheiro Rodrigues de Almeida (mcavalhe@sp.senac.br)
Thaís Carvalho Lisboa (thais.clisboa@sp.senac.br)

COMERCIAL
Marcelo Nogueira da Silva (marcelo.nsilva@sp.senac.br)

ADMINISTRATIVO
Luís Américo Tousi Botelho (luis.tbotelho@sp.senac.br)

REVISÃO TÉCNICA
Marina Chaccur

EDIÇÃO DE TEXTO
Rafael Barcellos Machado

PREPARAÇÃO DE TEXTO
Denise Ceron

REVISÃO DE TEXTO
Luiza Luchini de Paula (coord.), Asa Assessoria e Comunicação

EDITORAÇÃO ELETRÔNICA
Flávio Santana

Traduzido de *Draw your own fonts: 30 alphabets to scribble, sketch and make your own*

Rua Rui Barbosa, 377 – 1º andar – Bela Vista – CEP 01326-010
Caixa Postal 1120 – CEP 01032-970 – São Paulo – SP
Tel. (11) 2187-4450 – Fax (11) 2187-4486
E-mail: editora@sp.senac.br
Home page: http://www.editorasenacsp.com.br

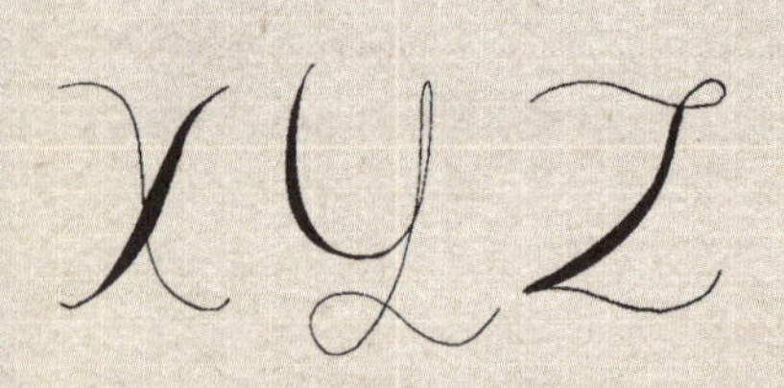

SUMÁRIO

LETREIRAMENTO MANUAL

Houve um tempo em que os textos só podiam ser manuscritos, e isso manteve muitos monges ocupados enquanto não estavam rezando ou fazendo cerveja. Isso era bom, mas os livros demoravam muito tempo para ser produzidos e a gama de assuntos abordados era bastante limitada (a não ser para os interessados apenas em religião).

Além disso, os livros eram tão caros que quase ninguém podia comprá-los. Então, durante séculos, poucas pessoas aprendiam a ler e a maioria delas não tinha acesso aos livros. Assim como o mercado de folhetos de divulgação de eventos, a venda de livros parecia fadada ao fracasso.

Isso começou a mudar na primeira metade do século XV, quando pessoas como Johannes Gutenberg, Nicolas Jenson e William Caxton perceberam que podiam ganhar dinheiro com a impressão de livros e cartazes em uma escala muito maior — e em muito menos tempo — que os caras do monastério. Caxton deu o primeiro passo para o crescimento do mercado de folhetos quando imprimiu alguns para divulgar sua loja — cara esperto. Os níveis de alfabetização começaram a crescer rapidamente e algo chamado "indústria editorial" foi inventado.

Passando rapidamente pelos tipos de madeira e metal e pela mecanização da composição tipográfica a quente em máquinas linotipo e monotipo, Letraset — *uma forma de decalcar letras que vinham em cartelas plásticas* — e fotoletra, chegamos a 1984 com o primeiro Apple Macintosh. Isso mudou tudo. Até então designers e não designers tinham total controle tipográfico e podiam fazer letras da forma que desejassem, limitados apenas pela própria criatividade e pela atenção nos detalhes.

Com a comercialização do computador pessoal, surgiram opiniões de que qualquer um poderia comprar um Mac — *ou um PC, não sejamos sectários* — e criar tipos. Rumores de habilidades perdidas e soluções genéricas de design tornaram-se abundantes. Constata-se, entretanto, o ressurgimento na arte do letreiramento manual, acompanhado da valorização das habilidades relacionadas a design e a artesanato. Estamos vivendo em uma nova era de popularidade do "feito à mão", sem sinal de decréscimo de sua relevância, como o que ocorreu com outros movimentos extintos durante décadas recentes.

Mas por que se justifica o letreiramento manual? Bem, pode-se citar um argumento importante. Ao digitar um texto, você pode escolher uma fonte, o tamanho do corpo e a cor. Com o estilo definido, seu texto terá uma tipografia uniforme e consistente. Entretanto, se você pegar o mesmo texto e desenhá-lo à mão, ele será único. Desenhe-o novamente na próxima semana, e terá outro texto único. *Isso é o que é tão extraordinário no letreiramento manual — é totalmente seu* e, falando criativamente, sempre pertencerá a você. Continue lendo este livro para entender o que eu quero dizer.

DESENVOLVENDO HABILIDADES

Se você é um designer experiente, deve ter um bom conhecimento de tipos. Os tipos são a base do design gráfico porque tipo + imagem = informação, e é disso que estamos tratando. Se você está no início de sua carreira criativa ou se é um eventual apreciador de tipografia, pode precisar de um pouco mais de ajuda para começar seu caminho de sucesso no letreiramento manual.

Quando comecei minha carreira de designer gráfico, no fim dos anos 1980, um livro manuscrito era transformado em tipos por um compositor tipográfico. As "bandejas" (ou páginas) de tipos chegavam num longo rolo de papel, que você dividia com um estilete ou bisturi e fixava em um painel com cera quente ou com um produto chamado "Cow Gum" (adesivo que podia também ser usado na fabricação de bolas de squash).

Tínhamos de aprender como produzir tipos manualmente com o objetivo de criar recursos visuais iniciais para os clientes, e um de meus primeiros trabalhos na faculdade de arte envolvia o letreiramento manual de uma frase em uma fonte escolhida aleatoriamente. Recebi a amostra de uma fonte chamada Walbaum 374 e comecei a desenhar a frase *Et in Arcadia Ego* (com guache roxo, em papel-cartão esticado, o que era bom naquela época). Era minha primeira experiência em letreiramento manual. Se tivessem me pedido que desenhasse as palavras como eu queria, teria produzido sei lá o quê, mas como tive de reproduzir uma tipografia existente o mais precisamente possível, aprendi alguma coisa sobre tipos.

Foi um bom começo e recomendo que você tente algo similar para se acostumar a desenhar formas de letra padrão. Você não precisa de amostra, claro; de fato é mais fácil trabalhar com fontes que você já viu e das quais gostou. Evite começar com uma fonte que foi desenhada à mão, pois isso anularia o objetivo deste exercício. *Utilize um lápis para começar (assim você pode apagar as inevitáveis escorregadas iniciais)* e tente representar o que você vê o mais precisamente possível, observando as formas e proporções de cada letra e o contraste na largura dos traços. Será tentador simplesmente traçar sobre o original, mas resista ao impulso de fazer isso no primeiro momento, porque nada ganhará com tal atitude. Quase qualquer pessoa com firmeza nas mãos pode traçar letras.

Não espere que o resultado de seus esforços iniciais seja maravilhoso, porque esse trabalho requer prática, mas, felizmente, com o tempo você poderá reproduzir uma boa versão da Bodoni ou da Benton, da Garamond ou da Gill Sans. Você deverá conseguir uma versão um pouco menos perfeita que a amostra da fonte original. Quando se sentir confiante para fazer isso, será hora de aumentar o nível de dificuldade.

TRAÇANDO E ALTERANDO

Espero que você tenha seguido meu conselho sobre como lidar com o desenho de fontes regulares (se não, tapa na mão). Agora — adivinhe! — estou prestes a cancelar o embargo do traçado. Não quero encorajá-lo a copiar todas as fontes, claro, mas a usar o traçado como um meio de criar exemplos novos e, portanto, únicos.

Imagine que você tenha em mente uma ideia para um projeto ao qual queira incorporar alguns elementos feitos à mão. Você sabe o espaço que tem disponível para encaixar o tipo, o tamanho que ele deve ter, as quebras de linha e tudo o mais, mas não pode simplesmente fazer a composição digital, pois quer que a fonte seja desenhada à mão. Para começar, escolha uma fonte similar à que você imagina em proporção ou estilo — talvez uma cursiva ou uma itálica serifada — e use-a para criar, grosseiramente, o arranjo tipográfico de que precisa para sua peça. Isso feito, imprima-a no tamanho que pretende usá-la e trace-a a lápis para fazer a estrutura para sua fonte feita à mão. Se usar um lápis azul, o rascunho não vai aparecer no scanner — *trataremos disso com mais detalhes nas páginas 148-149.*

Agora você pode se divertir de várias maneiras com o letreiramento, alterando cada forma de letra. Chame isso de "customização de fontes", se quiser. A intenção é que você trabalhe com as fontes básicas, adicionando-lhes ou subtraindo-lhes detalhes, até conseguir a aparência que deseja. Você pode alongar serifas, adicionar ornamentos, exagerar contrastes de traços ou desconstruir as fontes originais. Os únicos limites dos tipos desenhados manualmente são aqueles impostos por você, pelo projeto ou por seu cliente (se você tiver um). No entanto, lembre-se de prestar atenção à legilibidade, já que é muito fácil exagerar na ornamentação e se esquecer de que alguém precisa decifrar o texto. Quando você estiver feliz com os resultados, passe tinta preta sobre as linhas do rascunho para criar sua arte-final.

Esse método é particularmente adequado para desenhar à mão palavras completas ou grupos de palavras para formar um título ou uma frase, mas você também pode usá-lo para criar caracteres que vão formar um grupo de caracteres. Se você está trabalhando com um alfabeto completo, ao traçar e customizar cada caractere, assegure-se de que o tamanho destes estejam adequados — é um pesadelo tentar equilibrar tudo no fim do processo.

Com prática suficiente, você estará apto a dispensar a cópia quando criar seus tipos desenhados à mão e suas fontes digitais. Isso não significa que você deva descartar a cópia, pois muitos projetos criativos são construídos com base em outros. Deixe-a em sua caixa de ferramentas tipográficas até a próxima vez que precisar de uma ajuda extra.

COMPREENDENDO OS GLIFOS

Há um argumento, inegavelmente válido, de que, para desenhar fontes à mão livre, não é necessário conhecer fontes regulares. E isso é justo, imagino. No entanto, eu poderia me opor a esse argumento dizendo que ele se aplica somente quando se cria um estilo específico de letreiramento manual, que não se baseia em nenhuma das tipografias tradicionais.

Se você pretende criar caracteres de fontes abstratas, sem problemas, pode jogar tudo pela janela e seguir a direção que quiser. Mas, para mim, é importante entender como as fontes funcionam. Um pouco de conhecimento a respeito da anatomia dos tipos possibilitará que você fale com seus colegas *(ou com seu cão, se você trabalha sozinho como eu)* sobre os vários elementos e características de uma fonte. A ilustração da página 156 o ajudará a conhecer a terminologia correta.

É igualmente importante considerar a observação de padrões sólidos, como altura-x e a linha da versal das maiúsculas, para criar um conjunto completo de caracteres para fontes desenhadas à mão, assim como para fontes digitais regulares. Isso não é obrigatório, claro, pois algumas fontes certamente exigirão uma forma mais livre, mas aqui vai um conselho amigável de alguém que aprendeu a duras penas: se você não dedicar parte do desenvolvimento do trabalho à estrutura básica de suas letras, correrá o risco de ter um resultado nada profissional. Ainda que fontes desenhadas à mão representem a forma livre, elas devem ser estruturadas e consistentes para funcionar bem.

Para entender como as formas das letras funcionam, tente este simples exercício: escolha várias tipografias regulares das quais goste ou acredite que fiquem bem juntas e pegue um par de caracteres em caixa-baixa de cada uma. As caixas-baixas "a" e "g" são boas escolhas, porque têm muitas características — como bojos, caudas, olhos, ligações e laços (veja a ilustração da página 156) — comuns na maioria das fontes. Usando qualquer software, posicione os caracteres alinhados na tela do computador para comparar as alturas-x, ascendentes ou descendentes, bojos, contraformas ou serifas. Você pode ainda pegar um papel vegetal e traçar os caracteres, sobrepondo-os, para ver como eles diferem. É uma surpreendente e esclarecedora experiência que eu recomendo muito, e é o melhor jeito de entender como as formas internas e externas de cada caractere são formadas.

(veja, na página 156, A anatomia de uma fonte)

@ ALFAB
mnopq
ALPH
QABC

ETOS
123 M
BETS
!?@$&%£
AS
FONTES

BUTTERMAN

Essa fonte é baseada na imagem de um super-herói de quadrinhos — um personagem forte, mas rechonchudo, cujas aventuras trazem sucesso e desastre na mesma medida. O designer Scott Suttey tinha esse herói — "The Butter Man" — em mente quando criou essa fonte, imaginando seu traje com a marca estampada na frente.

ANATOMIA

Cada glifo do conjunto de caracteres da Butterman parece ter sido cortado de um único bloco. A largura dos caracteres é proporcional para permitir um letreiramento espaçado convencional, e os glifos redondos são baseados em círculos perfeitos.

DETALHES

- Nenhum dos glifos apresenta miolos ou olhos.
- Alguns glifos em caixa-baixa, como o "s", são iguais aos em caixa-alta, enquanto outros apresentam poucos detalhes diferentes.

PARCEIROS NATURAIS

Os corpulentos caracteres tridimensionais dessa fonte precisam de um parceiro forte: uma fonte sem serifa sólida e geométrica, como a Klavika ou a **Scala Sans**.

CARACTERÍSTICAS

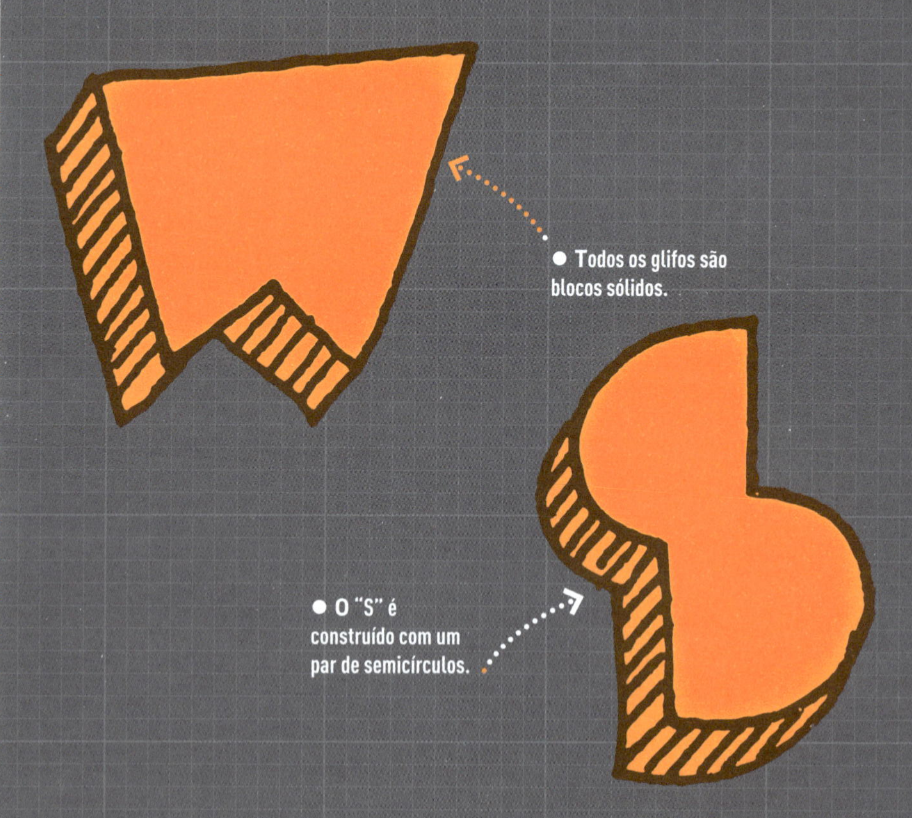

ABCDEFGHIJ

KLMNOPQRS

TUVWXYZ

ÀÇÉÏÑÔÜß

1234567890

BUTTERMAN

abcdefghij

klmnopqrs

tuvwxyz

(àçéïÃôüß)

?!@$&%£;;:.

PRATIQUE

CUPID

Tipos de blocos pesados geralmente não são sinônimo de delicadeza, mas a ilustradora Tonwen Jones quis criar uma fonte que contrariasse essa tendência. Curiosamente, a desproporção das minúsculas asas e nuvens passantes deixou a fonte com um jeito angelical que de outra forma não existiria.

ANATOMIA

Um alinhamento variável em relação à linha de base ajuda a dar a impressão de que essa fonte flutua no ar. Os ornamentos de asas variam em tamanho e posição de glifo para glifo, criando uma charmosa sensação de movimento.

DETALHES

- As contraformas são arredondadas em alguns glifos (D, O, P e Q) e quadradas em outros (A, B e R).
- Com os ornamentos de nuvens, o espaçamento das letras deve ser mantido muito solto.

PARCEIROS NATURAIS

- Essa é uma fonte única, mas muitas fontes de texto sem serifa, como a Univers, poderiam acompanhá-la. Você poderia tentar também uma serifa egípcia como a Rockwell (veja o I em caixa-alta).

CARACTERÍSTICAS

- Alguns glifos têm detalhes decorativos bem grandes.
- Há pouca ou nenhuma consistência no peso das hastes.

A B C D E F
G H I J K L
M N O P Q R
S T U V W
X Y Z

CUPID

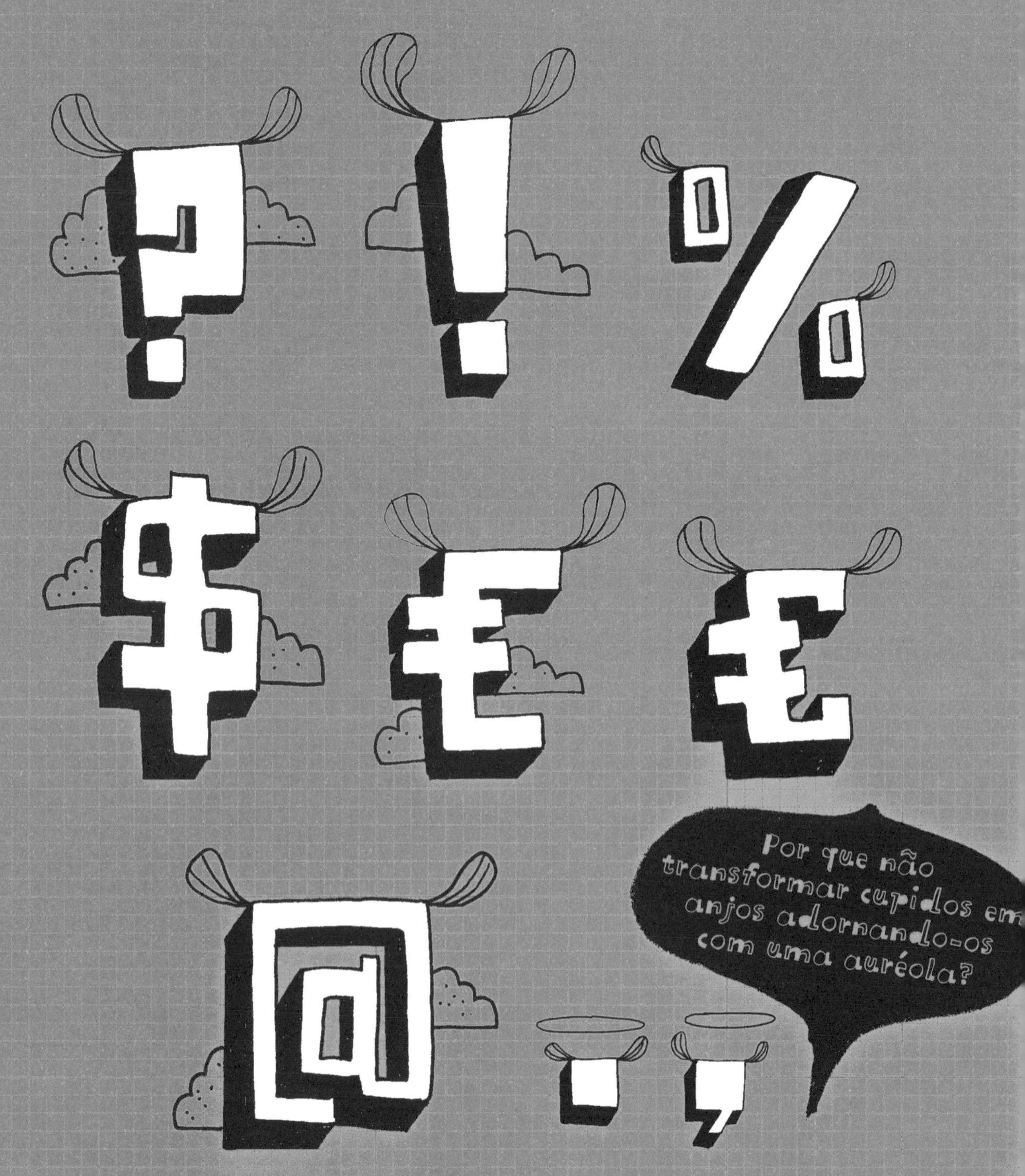

Por que não
transformar cupidos em
anjos adornando-os
com uma auréola?

PRATIQUE

STEADMAN

Soluções de design podem resultar, frequentemente, de "acidentes felizes". Dave Pentland estava desenvolvendo uma fonte com estilo manuscrito, mas descobriu que os desenhos originais ficavam melhores invertidos depois de escaneados e traçados. A fonte ganhou o nome do ilustrador favorito de Dave, Ralph Steadman.

ANATOMIA

A maioria dos glifos nessa fonte apresenta uma linha adicional paralela às hastes, realçando o efeito "rascunhado" associado a Ralph Steadman. Uma linha dupla no final das hastes e traços transversais formam serifas.

DETALHES

- Como as contraformas são completamente preenchidas, alguns glifos parecem ser mais pesados.
- A cauda do "Q" é formada com o mesmo estilo de linha dupla das serifas.
- O "a" em caixa-baixa não apresenta serifas.

PARCEIROS NATURAIS

- Uma fonte serifada eficiente, como a New Baskerville ou a Bell, funcionará bem com essa fonte de forma livre com detalhes serifados.

CARACTERÍSTICAS

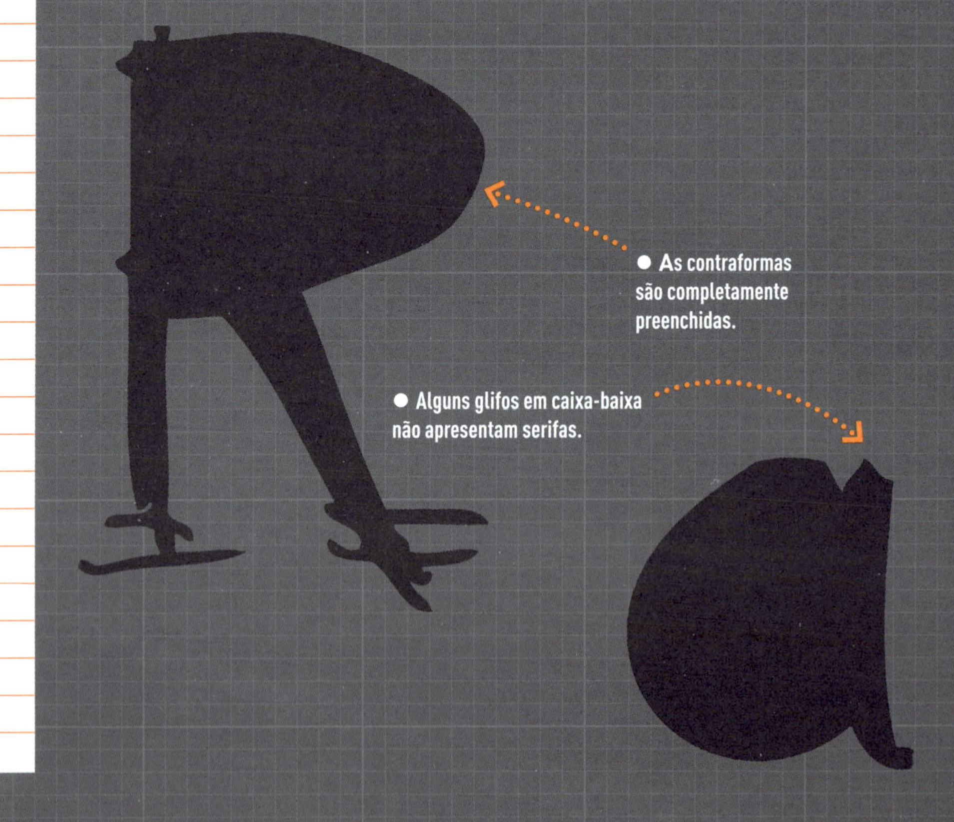

STEADMAN

ABCDEF

GHIJKLM

NOPQRS

TUVWXY

Z.?!@£":$()

STEADMAN

a b c d e f

g h i j k l m

n o p q r s

t u v w x y z

ñ ü ß é à ô ï ç

PRATIQUE

SCIENCE LESSON

O desejo de adquirir um jogo de modelagem molecular, como os encontrados nos laboratórios de ciências e a compra de um em uma loja de objetos usados, inspiraram o designer Wayne Blades a desenhar essa fonte high-tech. Desnecessário dizer que os modelos moleculares nunca foram feitos. As sombras projetadas foram acrescentadas depois no Photoshop.

ANATOMIA

A Science Lesson é uma das fontes mais detalhadas deste livro, mas para construir seus glifos relativamente complexos são usados apenas alguns elementos básicos. Nas letras usa-se uma "molécula" repetida para unir cada traço formado pelas linhas retas desenhadas à mão. À primeira vista a fonte parece ser monoespaçada, mas é proporcional.

DETALHES

- O "B" é formado por traços diagonais, verticais e horizontais para evitar uma potencial confusão com o "8", que é constituído só por traços diagonais.
- O "Q" é o único glifo com traços que se cruzam sem uma molécula de ligação.

PARCEIROS NATURAIS

- O tema científico dessa fonte ilustrativa deve ser estendido ao texto usando fontes como DIN ou Neotech.

CARACTERÍSTICAS

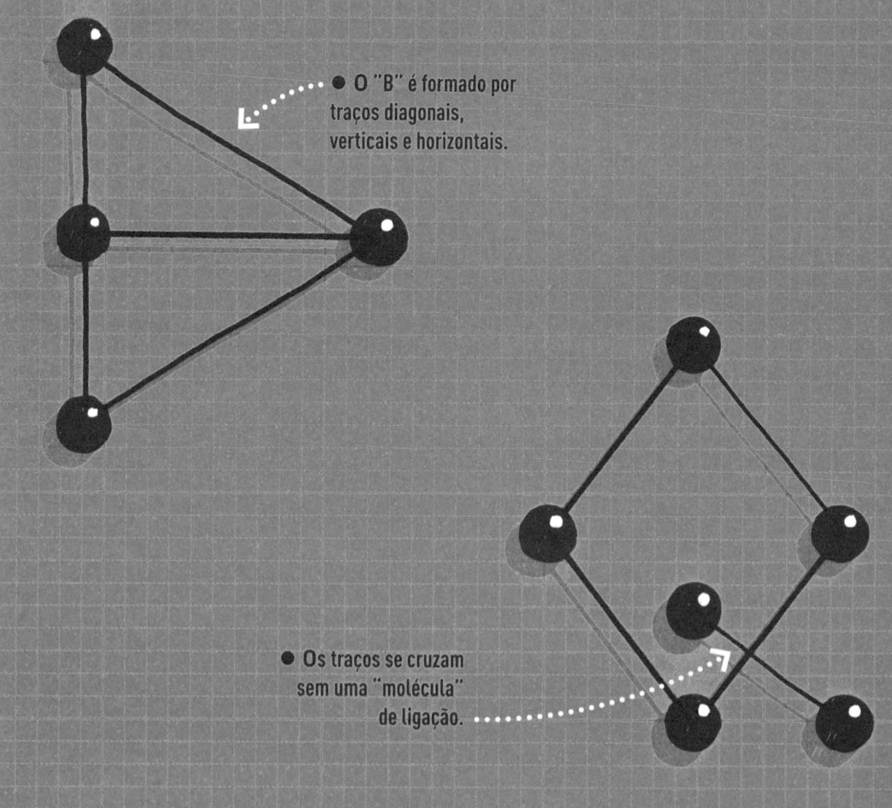

ABCDE
FGHIJK
LMNOPQ
RSTUVW
XYZ

SCIENCE LESSON

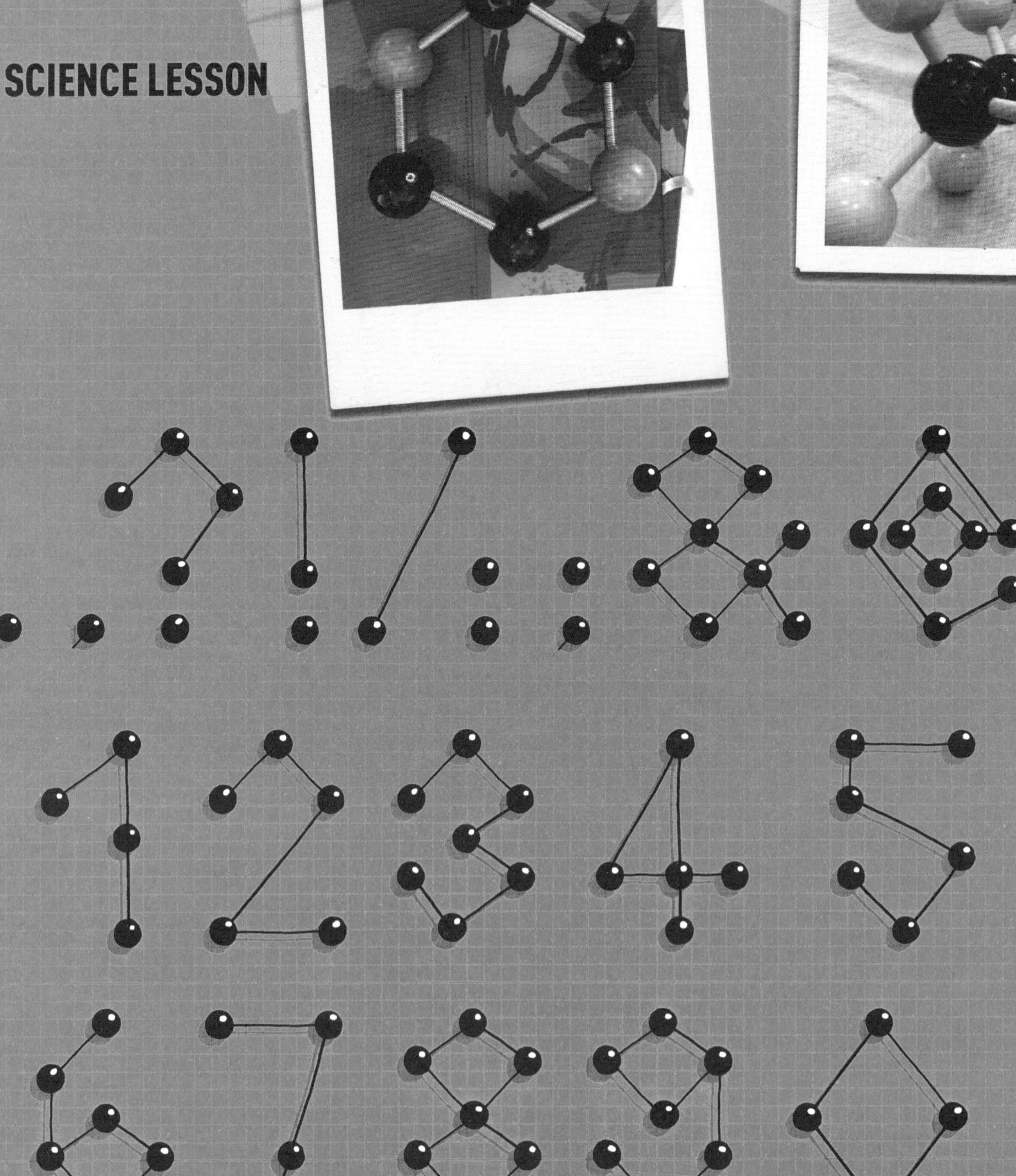

CONTROL CHAOS

A fonte de Sarah Lu está por aí desde 1999 — ela é rabiscada em muitos cadernos de rascunho que guardam seus pensamentos, ideias gráficas, amores e ódios. As formas básicas das letras mostradas aqui são perfeitas para receber hachuras, sombras projetadas ou texturas sobrepostas.

ANATOMIA

Uma tipografia mais convencional que as outras apresentadas neste livro, Control Chaos apresenta larguras proporcionais nos caracteres e glifos mais ou menos alinhados numa linha de base consistente. O espaçamento apertado dessa fonte relativamente condensada a torna útil para títulos ou balões de texto de histórias em quadrinhos.

DETALHES

- A perna do "R" termina ligeiramente acima da linha de base.
- A curva inferior do "S" é muito maior que a superior.

PARCEIROS NATURAIS

- Não fique tentado a combinar nenhuma tipografia com jeito de "quadrinhos" com essa fonte. Tente fontes sem serifa mais pesadas, como Franklin Gothic ou **Lucida Sans**.

CARACTERÍSTICAS

R S

- A curva inferior do "S" é proporcionalmente muito maior que a superior.
- A perna do "R" termina acima da linha de base.

CONTROL CHAOS

ABCDEFGHI

JKLMNOPQ

RSTUVWXYZ

1234567890

CONTROL CHAOS

abcdefghi
jklmnopqr
stuvwxyz
@£()?!&
)(/.,;"%

PRATIQUE

ORIGAMI

Quando recebeu a solicitação de desenvolver uma tipografia para uso em um importante website varejista oriental, a ilustradora Sarah Lu produziu essa fonte cuidadosamente dobrada. Os caracteres tridimensionais dessa fonte baseada, vagamente, na Alako Bold, podem ser construídos com tiras de papel.

ANATOMIA

Essa é, sem dúvida, uma fonte inovadora com uso potencial muito específico. A estrutura da Origami segue as regras de dobradura de papel. O sombreado nas áreas de cada glifo que estão "atrás" de outras realça as características tridimensionais da fonte.

DETALHES

- Os traços transversais têm espessura dupla para se manter fiéis às limitações do origami real.
- Todos os glifos são em caixa-baixa.

PARCEIROS NATURAIS

- Como a fonte Origami é muito estruturada, uma sem serifa estruturada combinará muito bem com ela. Utilize a Eurostile, ou talvez a Jeunesse Sans, para combinar Origami com texto corrido.

CARACTERÍSTICAS

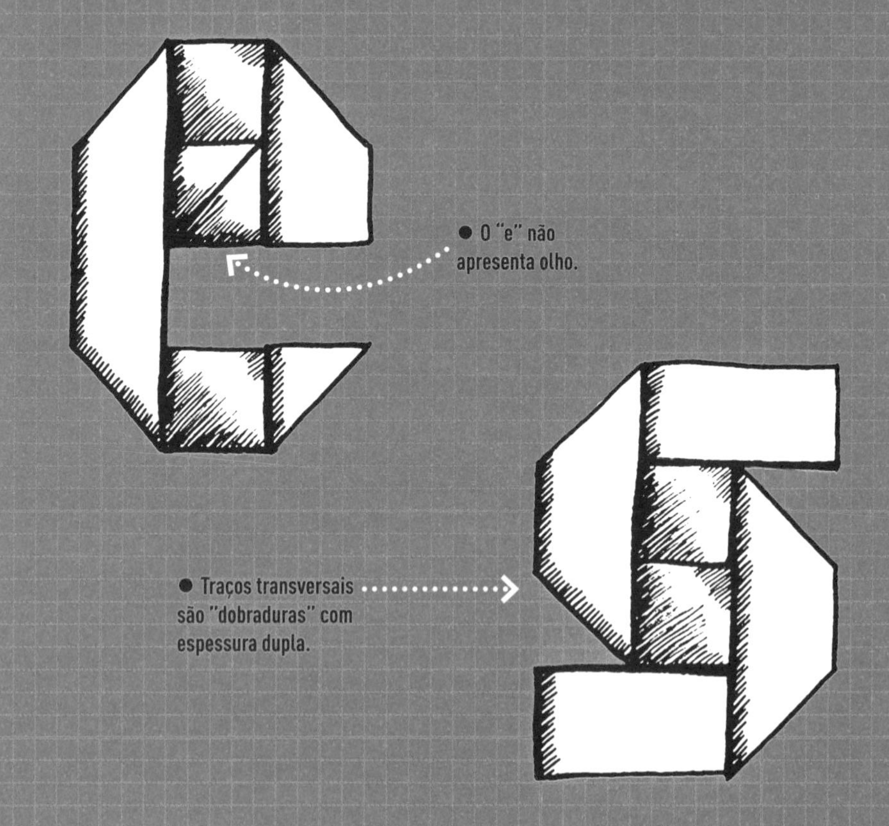

abcdefghij

klmnopqrs

tuvwxyz

12345678

90" ,;:" ?()!

Comece com tiras
de papel...
Dobre, dobre e dobre de
novo... e talvez dobre mais
algumas vezes, dependendo
da letra que
você estiver criando...
sarah

KNIT

Não sabemos se é realmente possível tricotar essa fonte, mas seria um desafio interessante para qualquer um que, como a designer Vanessa Hamilton, conhece as diferenças entre pontos no tricô. Eu preferiria desenhá-la a tricotá-la. Essa é uma das fontes mais geométricas deste livro.

ANATOMIA

Outra fonte inovadora, Knit é surpreendentemente legível em razão do alto nível de detalhes decorativos usados no design. Isso se deve, em grande parte, às formas muito geométricas dos caracteres, que se adaptam a uma grade regular.

DETALHES

- Os traços transversais variam em largura para incorporar os aspectos necessários dos glifos mais detalhados.
- Os bojos são em degraus, e não curvos.

PARCEIROS NATURAIS

- Fontes geométricas, como **Franklin Gothic** ou **Futura**, serão certamente parceiras adequadas para esse caminho incomum no design de fonte, mas ela é tão única que pode combinar com quase todas as fontes geométricas sem serifa.

CARACTERÍSTICAS

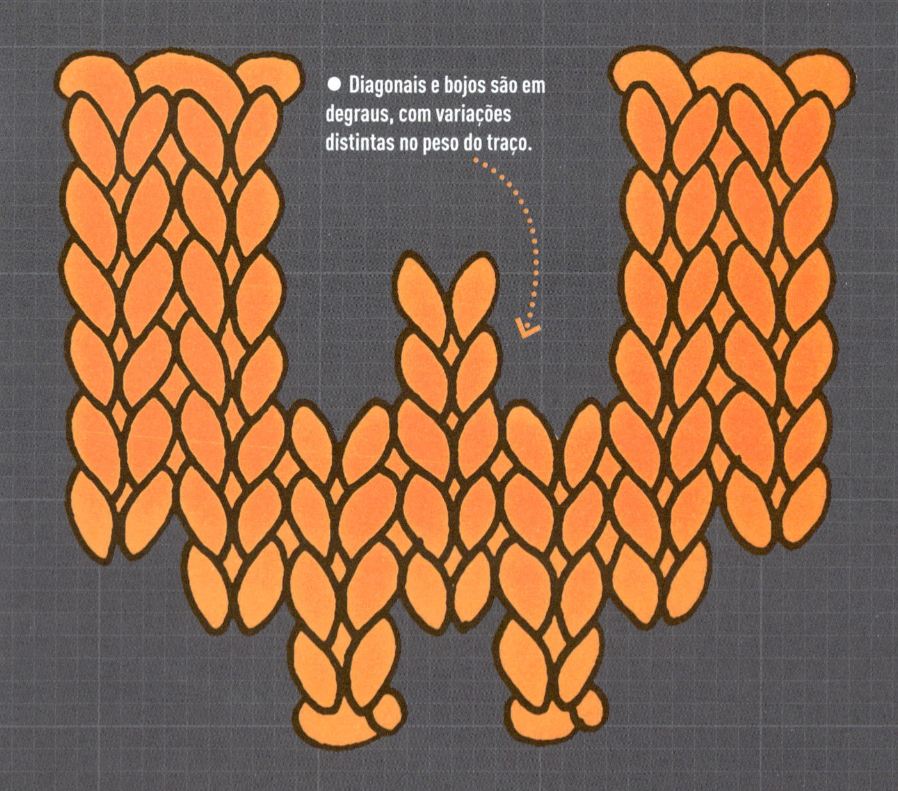

ABCDEF
GHIJKL
MNOPQ
RSTUV
WXYZ

KNIT

0123456789

ÑÜßÉÀÏ

€?!@£$

[:".,%]

FILL IN

Fontes podem ser derivadas da caligrafia manual do designer. Essa é uma delas. Emma Frith criou esse estilo para escrever placas e etiquetas, aparentemente, sem nenhum motivo, enquanto pensava em 101 outras importantes tarefas. Ela será capaz de desenhá-la despreocupadamente de novo?

ANATOMIA

Como essa fonte é essencialmente manuscrita, ela não é estruturada com proporção regular, altura de maiúscula definida ou alinhamento de base. São precisamente essas características que ajudam fontes manuscritas a parecerem autênticas.

DETALHES

- O "B" e o "D" são os únicos glifos completamente preenchidos.
- A perna alongada do "R" em caixa-alta o torna mais alto do que qualquer outro caractere do conjunto.

PARCEIROS NATURAIS

- É possível combinar uma fonte manuscrita com qualquer outra que não seja manuscrita. Entretanto, tente uma fonte clássica sem serifa, como Century Gothic ou Helvetica Neue.

CARACTERÍSTICAS

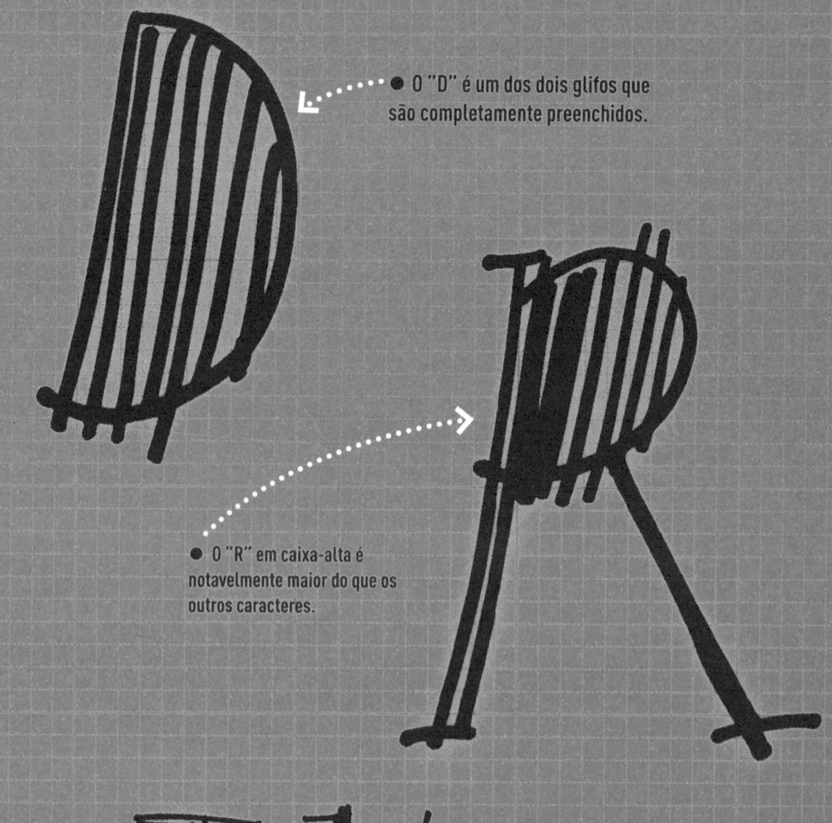

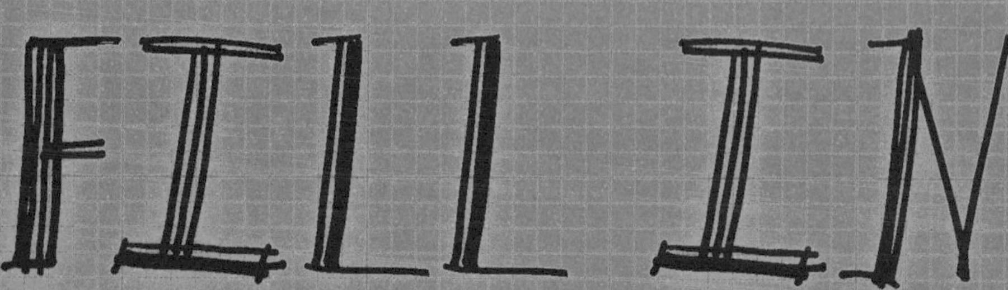

ABCDEFGHI

JKLMNOP

QRSTUVW

XYZ123

4567890

FILL IN

abcdefghij
klmnopq
rstuvwxyz
?!%$£&@“”()

PRATIQUE

SKINNY FRINGE

Se você observar alguns exemplos de design de pôsteres vitorianos, irá entender de onde veio a inspiração de Michelle Tilly para criar essa fonte. De acordo com o estilo de ilustração daquela época, antes da invenção das modernas técnicas de impressão, em tipos de madeira entalhados à mão frequentemente se usavam linhas paralelas para criar áreas de cores e sombras.

ANATOMIA

Essencialmente condensada para títulos, Skinny Fringe é uma fonte muito legível com proporções um tanto incomuns. O "M" e o "N" ocupam a mesma largura de caractere, mas o "A" é muito mais largo que ambos, aumentando o curioso aspecto dessa fonte flexível.

DETALHE

- A metade superior do "S" avança sobre a metade inferior e revela um ângulo de tensão mais inclinado para a frente que outros glifos, que são mais eretos.

PARCEIROS NATURAIS

- As influências vitorianas dessa fonte dão clara indicação de que outras com origens similares de estilo serão boas escolhas. Tente **Clarendon** ou **Grotesque**, para manter a sensação retrô.

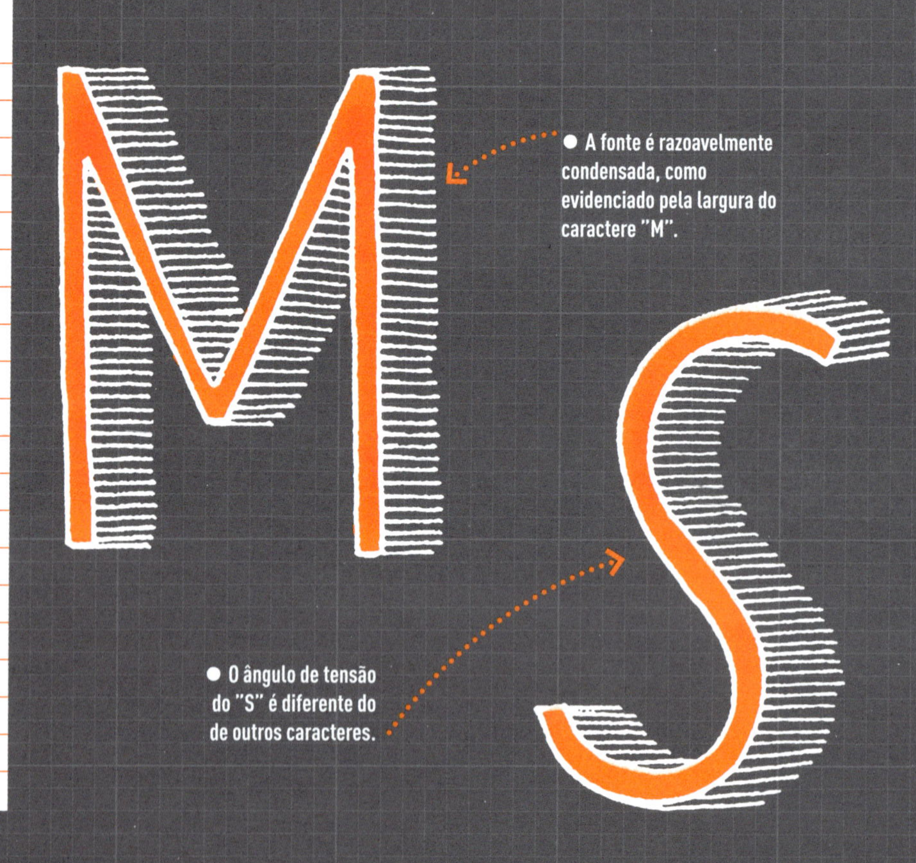

SKINNY FRINGE

A B C D E F

G H I J K L

M N O P Q R

S T U V W X

Y Z

SKINNY FRINGE

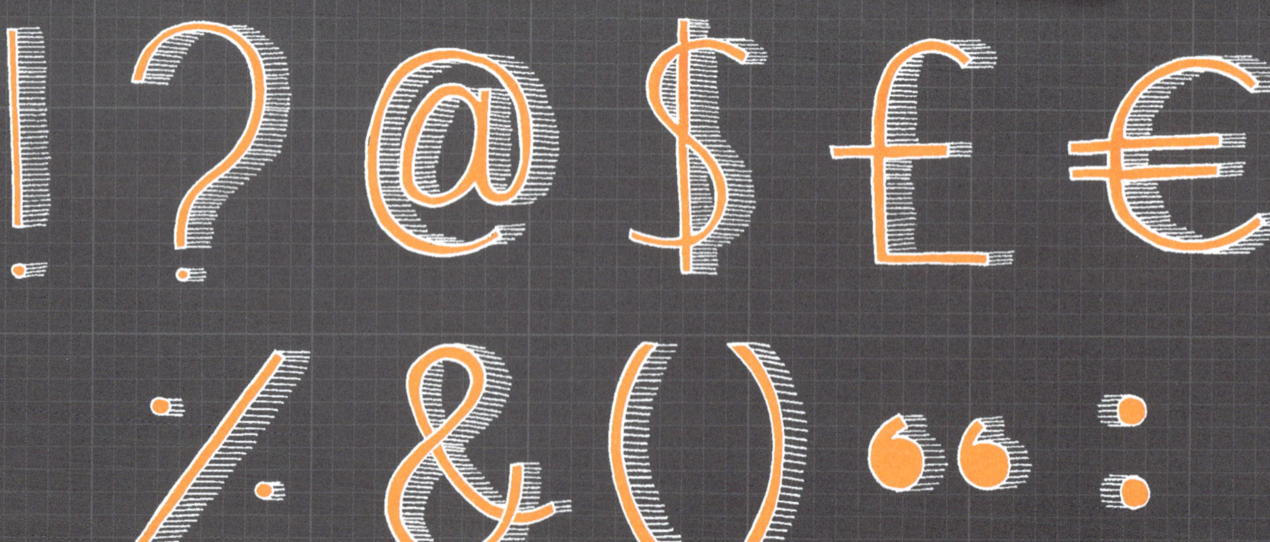

PRATIQUE

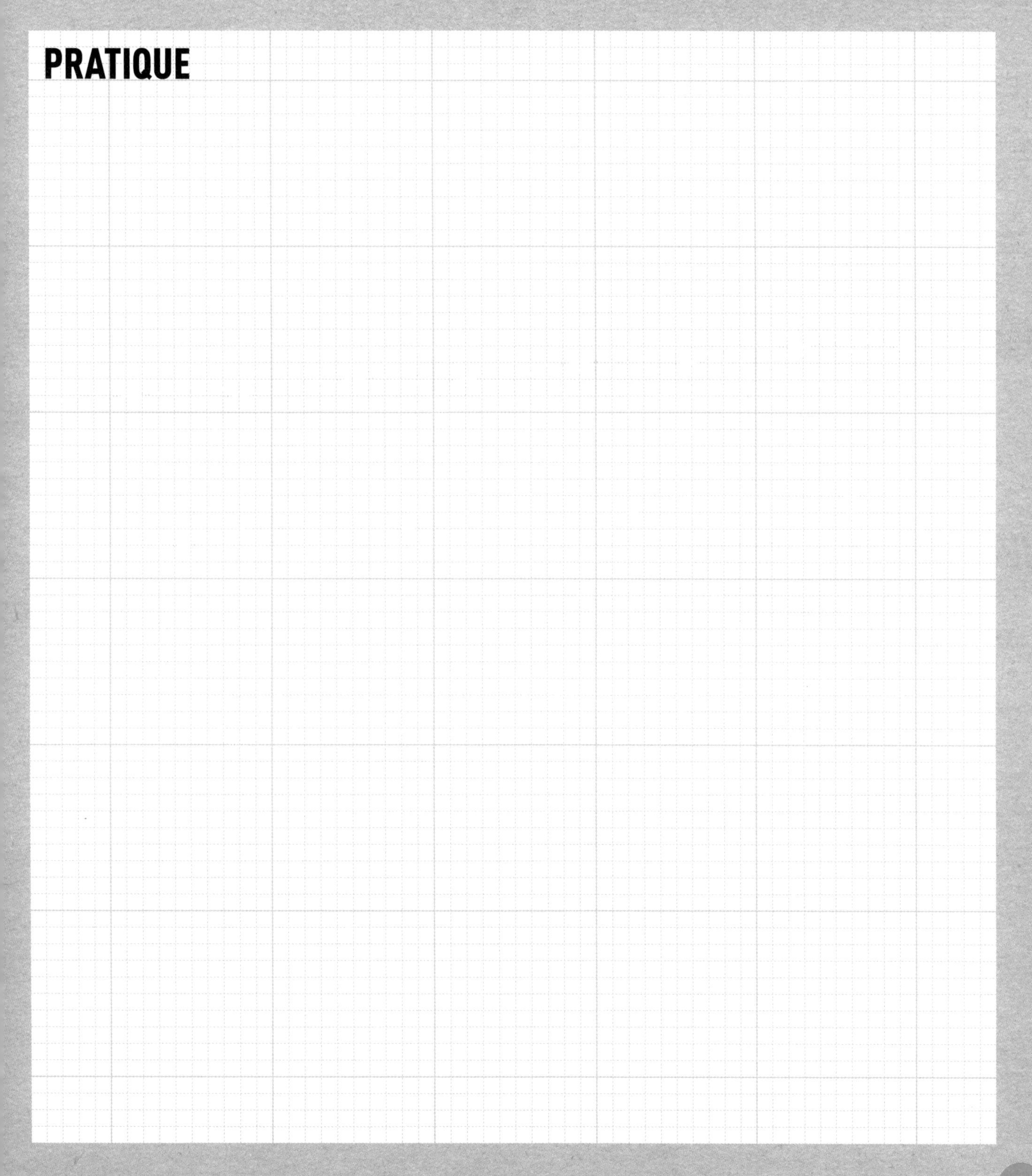

BUILDINGS

Quando criança, Tonwen Jones queria ver seu nome escrito em edifícios, mas, quando seu plano de se tornar milionária falhou, ela desenhou essa fonte. Não é exatamente a mesma coisa, mas ela vai se virar com sua metrópole de letras até aquele inevitável ganho na loteria, a qualquer momento.

ANATOMIA

Uma fonte curiosa que não foi desenhada para facilitar a leitura, Buildings é divertida. Tente "acender" algumas janelas para criar um efeito de noite.

DETALHES

- As formas dos caracteres são as características menos visíveis do design.
- Bojos, contraformas e olhos são quadrados.

PARCEIROS NATURAIS

- Como essa fonte é muito ilustrativa, é difícil definir uma combinação perfeita com outras tipografias. Então, por que não continuar a diversão e tentar combiná-la com a Broadway? Se você quiser começar um texto corrido, dê uma chance a Ehrhardt.

CARACTERÍSTICAS

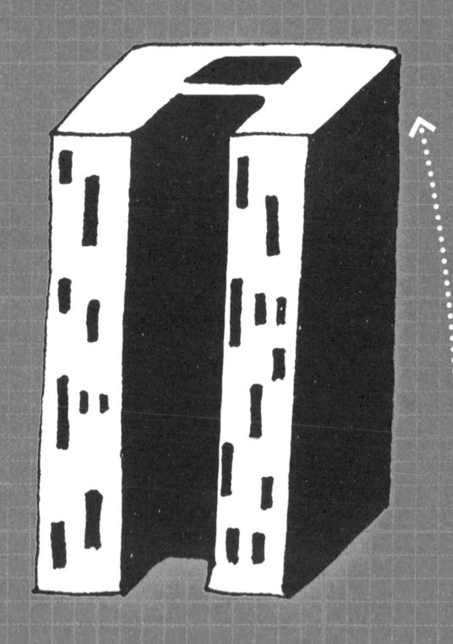

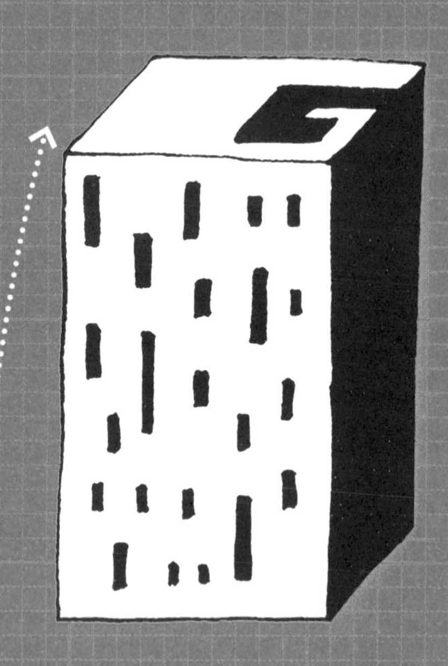

- A largura dos traços dos caracteres varia consideravelmente.

BUILDINGS

Dê vida à sua metrópole de letras decorando-a com uma paisagem urbana ao fundo.

PRATIQUE

FTI-64

O designer Lee Suttey gosta de rabiscar quando está tentando ter ideias para trabalhos de design gráfico. Ele também gosta de rabiscar quando está evitando trabalhar. Essa fonte é composta de caracteres selecionados de sua coleção de glifos rascunhados e é perfeita para designs em que a caneta deve ser mais forte do que o mouse.

ANATOMIA

FTI-64 é muito ilustrativa por causa da retenção da sombra do lápis nos caracteres tridimensionais. A fonte pode ter, confortavelmente, uma grande variedade de aplicações.

DETALHES

- Traços diagonais e hastes apresentam largura variável e são ligeiramente curvos.
- Alguns glifos se curvam para dentro na linha de base.

PARCEIROS NATURAIS

- Uma fonte sem serifa ou uma com serifa egípcia poderiam ser escolhidas para acompanhar essa tipografia. Tente Dax, que tem qualidades similares às formas básicas da FTI-64, ou talvez Glypha, que é uma egípcia cheia de personalidade.

CARACTERÍSTICAS

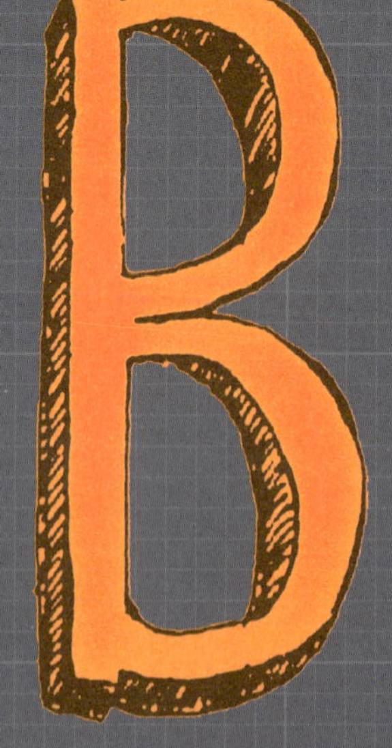

- A haste avança levemente além da altura da maiúscula em alguns glifos.
- Os traços são frequentemente curvos, com movimento para dentro na linha de base.

ABCDEFGHIJK

LMNOPQRS

TUVWXYZ

ÑÜBÉÀÔÏÇ

1234567890

FTI-64

abcdefghijk
lmnopqrs
tuvwxyz?!
(ñüßéàôïç)
@$&%£“”:.

PRATIQUE

SLIME

Brincar com "geleia maluca" é muito divertido. Quando nossa designer comprou uma para seu sobrinho, colocou insetos de plástico dentro do brinquedo e disse ao garoto que a geleia tinha olhos. Brincadeira muito meiga, mas ligeiramente assustadora! A ideia pegou e o cartão do aniversário seguinte foi desenhado com essa fonte.

ANATOMIA

Uma visão clássica e assustadora para uma inovadora fonte de Halloween, ou simplesmente muita diversão para crianças com imaginação. Slime funciona bem em qualquer situação na qual uma injeção de humor é necessária para um projeto divertido.

DETALHES

- Não há barra transversal no "G".
- O laço do "g" em caixa-baixa fica na linha de base, e não abaixo dela.

PARCEIROS NATURAIS

- Assim como a maioria das fontes ilustrativas, é difícil escolher outras que combinem naturalmente com ela. De novo: uma fonte sem serifa pode funcionar melhor por ter formas simples. A velha e boa Helvetica é uma escolha razoável.

CARACTERÍSTICAS

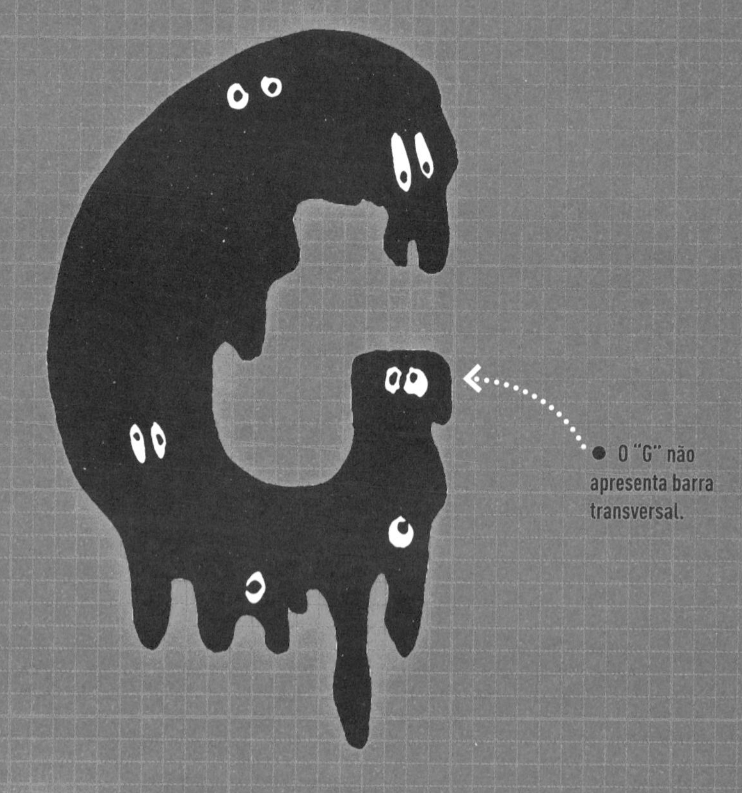

- O "G" não apresenta barra transversal.

A B C D E F
G H I J K L
M N O P Q
R S T U V
W X Y Z

SLIME

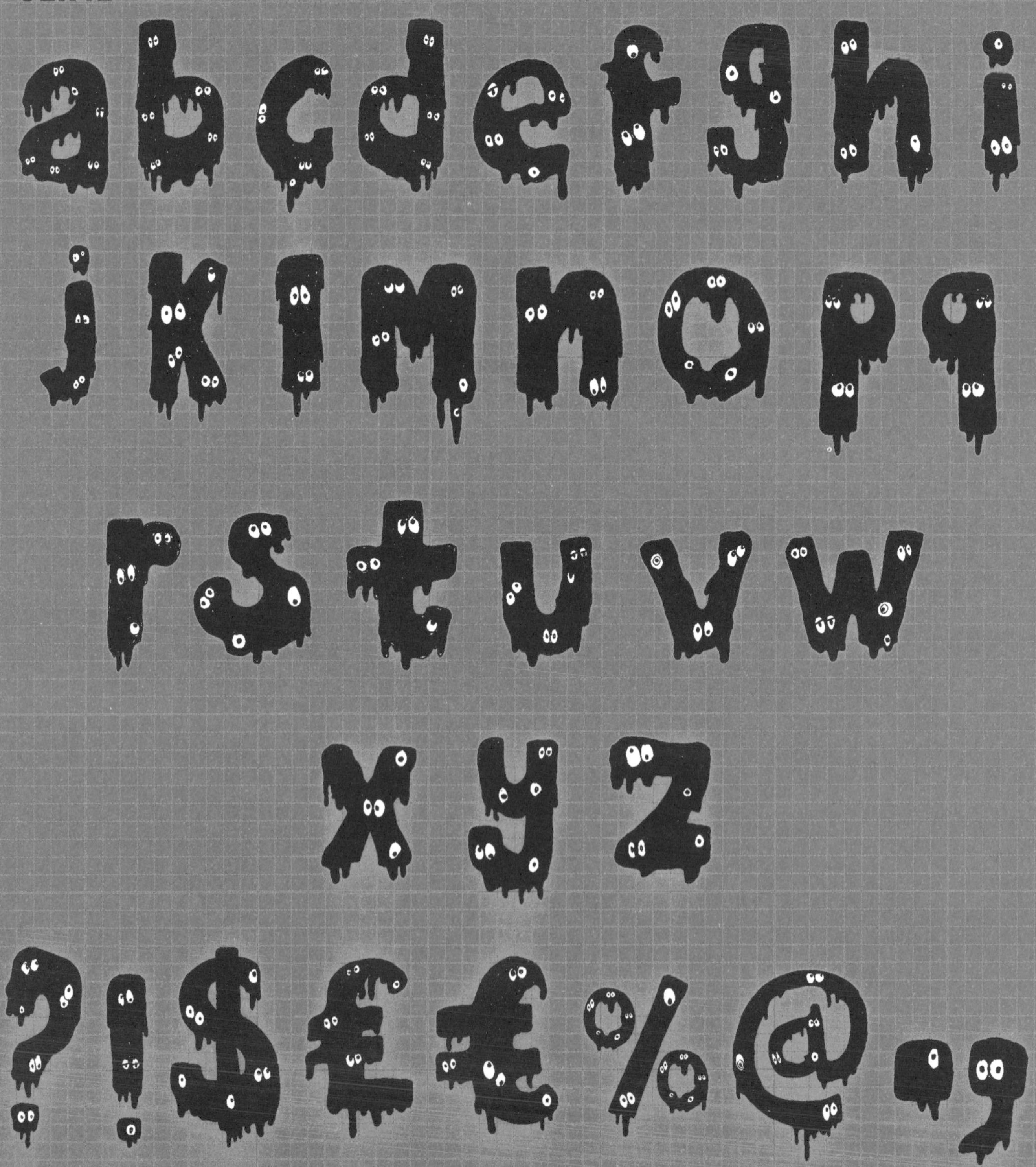

DEEP CAPITALS

Essa fonte é fácil de ler, mesmo a distância, e tem a peculiar característica manual inerente ao estilo de ilustração de Tonwen Jones. Combinações dos caracteres em caixa-alta e baixa propiciam a mistura de alturas-x e maiúsculas sem afetar a legibilidade, criando uma aparência dinâmica para compor títulos.

ANATOMIA

As imprevisíveis alturas-x e maiúsculas transmitem uma sensação viva e irregular ao conjunto de caracteres, mas a tipografia permanece legível, mesmo em tamanhos pequenos, o que é incomum para uma fonte desenhada à mão. A altura dos caracteres e da largura pode ser ajustada para que o texto caiba na medida.

DETALHES

- Os olhos são preenchidos para conferir, ligeiramente, uma impressão de peso a alguns caracteres.
- O "S" maiúsculo não segue nenhuma regra ditada pelos outros glifos, faltando lados retos e eixo vertical.

PARCEIROS NATURAIS

Essa fonte apresenta muitas das características da fonte sem serifa **Bell Centennial**. Para um contraste completo, tente Centennial.

CARACTERÍSTICAS

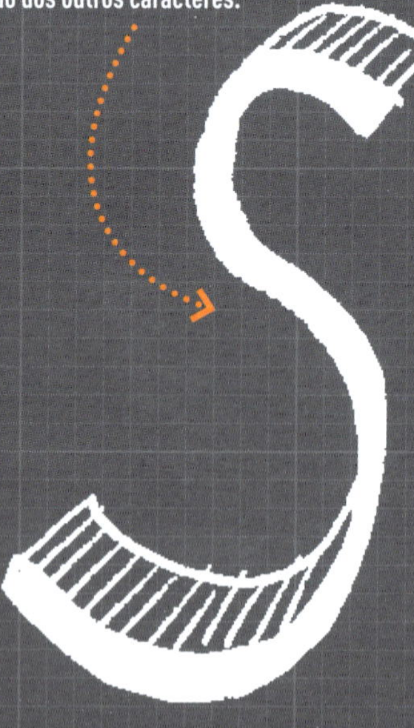

- **O ângulo de tensão do "S" é completamente diferente do dos outros caracteres.**
- **A cauda do "Q" é mais longa dentro da contraforma do que fora dela.**

Deep Capitals

A B C D E F

G H I J K L

M N O P Q R

S T U V W X

Y Z

DEEP CAPITALS

a b c d e f

g h i j k l

m n o p q r

s t u v w x

y z

PRATIQUE

TOPIARY

Vanessa Hamilton é, obviamente, tão boa no jard
página 36). Como esses caracteres formados
nuvens também, você tem a solução tanto para o s
da região. Os ângulos dos caracteres podem ser ajust

CARACTERÍSTIC

ANATOMIA

Surpreendentemente legível, apesar da grande quantidade de detalhes decorativos, Topiary é uma fonte proporcional para títulos com aplicações óbvias (veja acima) e muito divertida. Tente um espaçamento bem pequeno entre caracteres para formar um tipo de cerca tipográfica.

DETALHES

- O eixo é variável e ajustável para todos os glifos.
- A largura das hastes é consistente de glifo para glifo, apesar dos contornos aleatórios.

PARCEIROS NATURAIS

- Os glifos dessa fonte ilustrativa apresentam consistência geométrica surpreendente. O "O", por exemplo, é circular. A parceira óbvia dessa fonte é a Futura, que tem características similares a ela.

TOPIARY

PRATIQUE

FILLED PATTERN

Essa distinta fonte retrô criada por um emergente e jovem designer é baseada na caluniada, mas bem interessante, Cooper Black. Nascida de um amor por muito rabisco, essa fonte mistura o visual de uma revista pop dos anos 1970 com o da banda Grateful Dead. Jovens leitores podem buscar ajuda no Google se não entenderem as referências.

ANATOMIA

O uso da Cooper Black como principal esboço para essa fonte pop-brega é certeiro, pois as serifas robustas e as curvas voluptuosas são feitas para acomodar os padrões e decorações adicionados. Cooper Black foi desenhada nos anos 1920, mas curiosamente tem estilo muito anos 1970.

DETALHE

- Ornamentos variam entre caracteres. Alguns apresentam somente o preenchimento padronizado do contorno principal.

PARCEIROS NATURAIS

- Para manter o divertido tema retrô, você pode tentar combinar a Filled Pattern com a **Souvenir**, outra fonte que readquiriu popularidade nos últimos anos. Alternativamente, dê uma olhada nos pesos expandidos da **Folio**.

CARACTERÍSTICAS

- Alguns glifos, como o "Q", apresentam muito mais ornamentos que os outros.

FILLED PATTERN

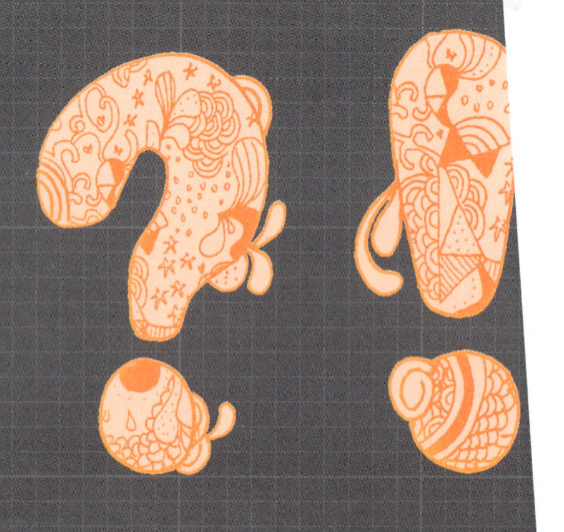

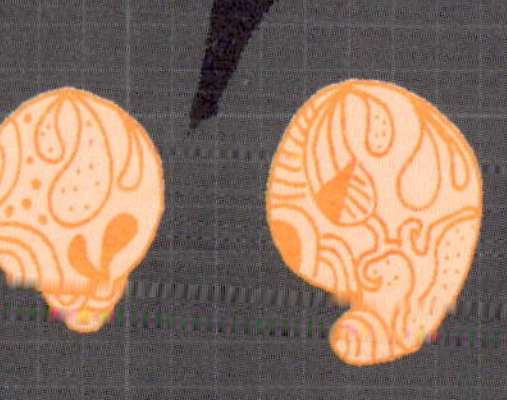

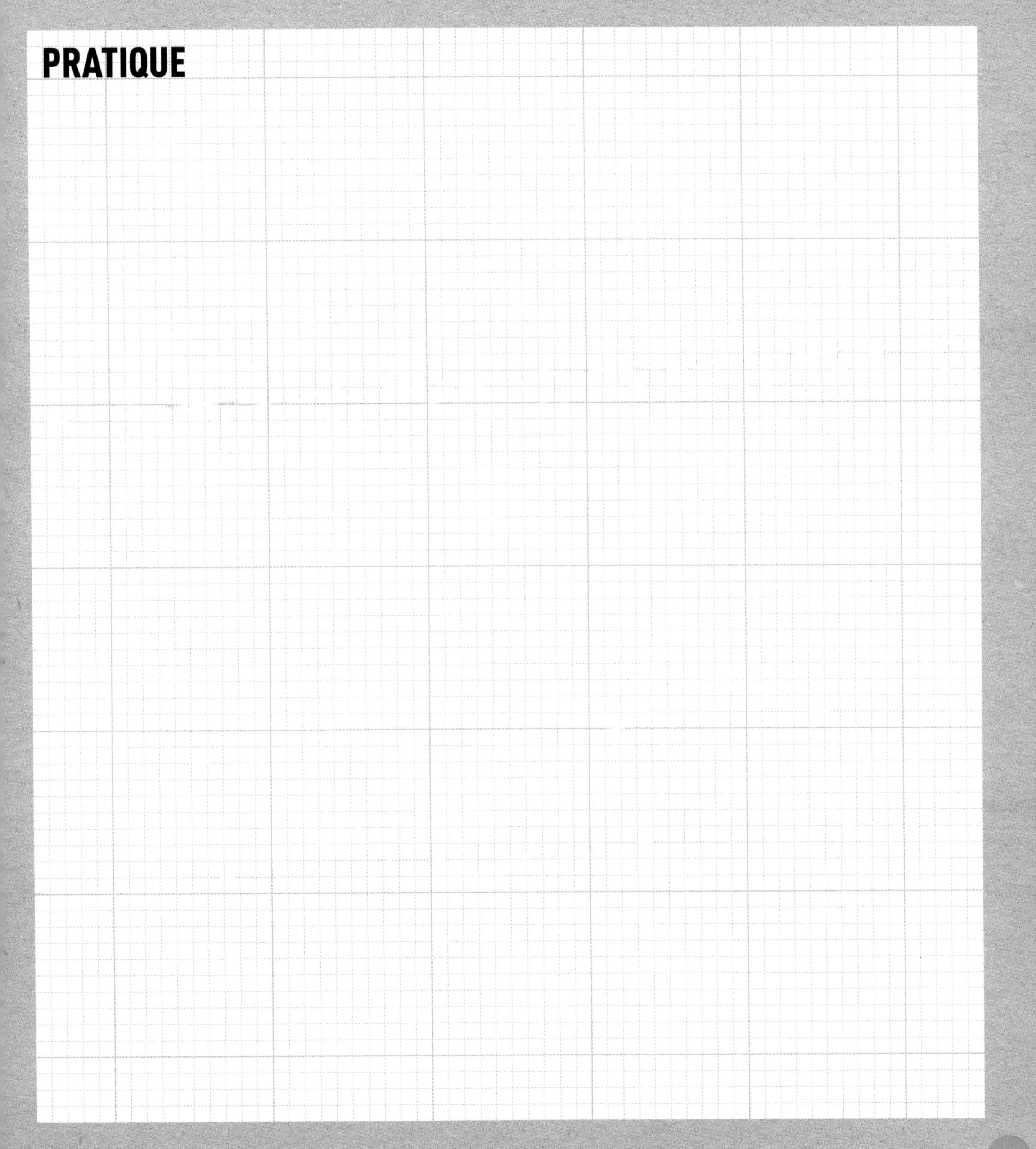
PRATIQUE

PATTERN FRONT

A aura emanada dos caracteres dessa fonte foi inspirada nos desenhos que essa ilustradora rabisca quando está falando com alguém ao telefone. Os círculos apertados sugerem movimento e podem funcionar bem se animados. Excelente para conferir diversão ao dia a dia.

ANATOMIA

As formas relativamente padronizadas das letras que compõem essa fonte não são superadas pela decoração. Ao criar fontes com padrões, é aconselhável iniciar por um conjunto de caracteres com estrutura arrojada e, depois, adicionar os elementos decorativos.

DETALHES

- O padrão determina a necessidade de espaçamento muito solto entre os caracteres.
- Os olhos são limpos porque o desenho segue as bordas.

PARCEIROS NATURAIS

- Como o padrão detalhado se estende para fora do glifo, uma delicada serifada egípcia, como a **Officina Serif**, funcionará ao lado dessa fonte decorativa. Utilize a **Officina Sans** para uma combinação versátil.

CARACTERÍSTICAS

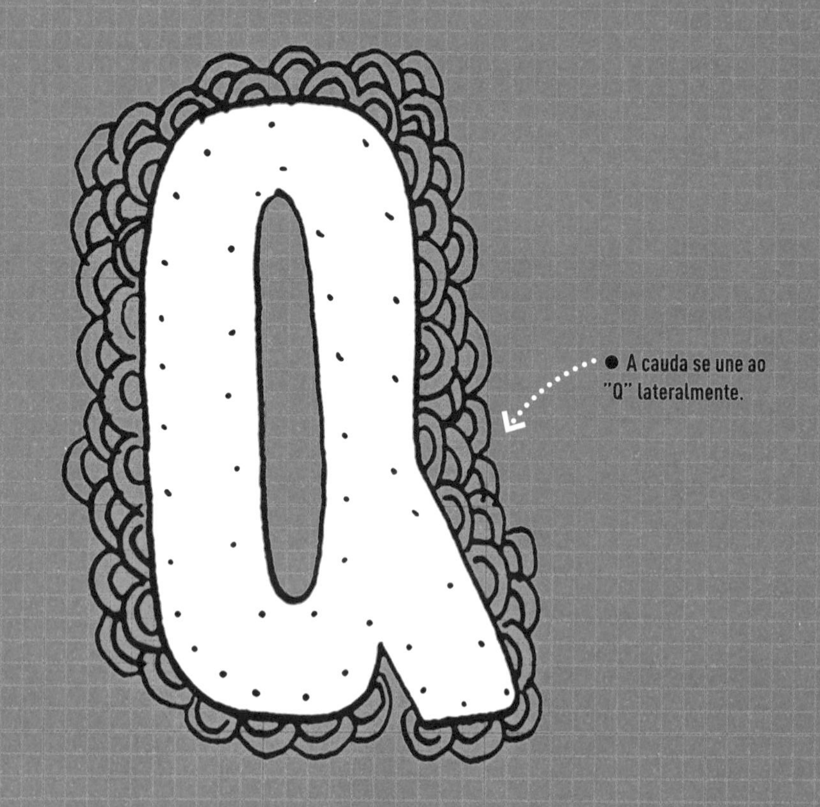

- A cauda se une ao "Q" lateralmente.

PATTERN FRONT

ABCDEF
GHIJKL
MNOPQR
STUVW
XYZ

PATTERN FRONT

abcdefghij

klmnopqrs

tuvwxyz

ôüßéàñ

?!$£€%@.,

PRATIQUE

TIME 74

A caligrafia é, claro, grande fonte de inspiração para o letreiramento manual. A Time 74 foi baseada na assinatura do designer Lee Suttey, que apresenta um "T" duplamente cruzado. Acrescentar detalhes às ascendentes e descendentes resolveu o problema do que fazer com caracteres sem traços transversais.

ANATOMIA

Algumas vezes menos é, definitivamente, mais quando se trata de criar fontes manuais bem-sucedidas, e Time 74 é um excelente exemplo disso. A simples adição de uma série de traços duplos transforma as formas relativamente básicas das letras em algo diferenciado.

DETALHES

- O "A" maiúsculo não apresenta traço horizontal.
- Alguns caracteres em caixa-baixa reproduzem sua forma em caixa-alta.

PARCEIROS NATURAIS

- Essa fonte muito elegante merece ser combinada com uma sem serifa coerente, com a qual não se choque. Então, tente a News Gothic. Uma fonte discretamente sofisticada como a Caecilia, com seus sutis detalhes, também funciona.

CARACTERÍSTICAS

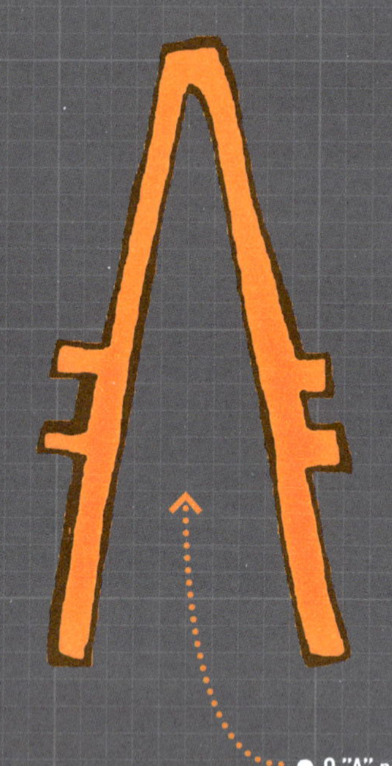

- O "A" não apresenta barra transversal.

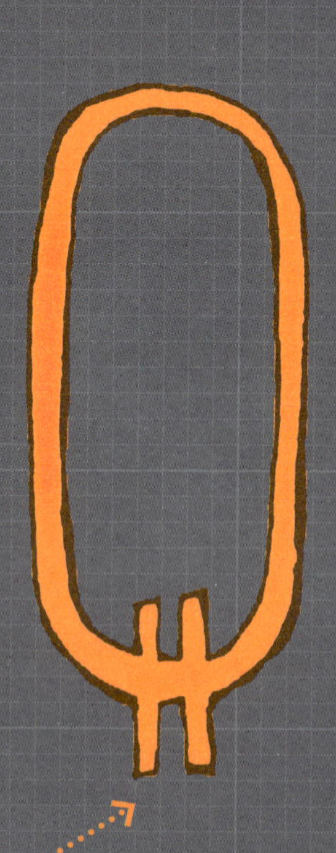

- A cauda do "Q" é formada pelo traço duplo decorativo dos outros glifos.

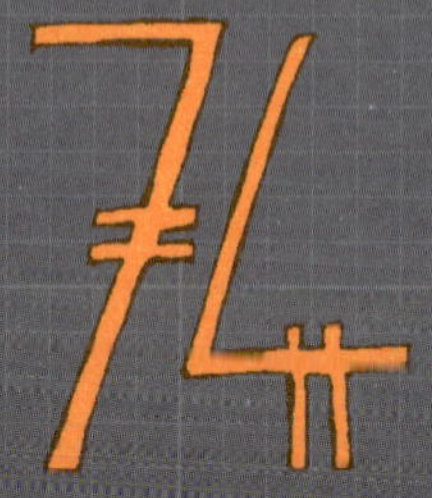

ABCDEFGHIJ

KLMNOPQRS

TUVWXYZ

ÑÜßÉÄÔÏÇ

1234567890

TIME 74

abcdefghijk

lmnopqrst

uvwxyz?!

(ñüßéäôïç)

@$+%£

SPAGHETTI JUNCTION

Essa fonte de nome apropriado criada por Michelle Tilly é, possivelmente, a mais complexa do livro para desenhar, mas é mais fácil do que parece em razão de sua forma livre. Imagine cada caractere parecendo diferente toda vez que você joga um pouco de massa sobre a bancada. Comece por um canto e trabalhe as curvas para obter melhores resultados.

ANATOMIA

Essa é, provavelmente, a melhor fonte para as pessoas que amam rabiscar, e cada caractere pode ser alterado toda vez que você o desenha. A dica para desenhar esse tipo de letreiramento livre é trabalhar com um contorno consistente, preferencialmente uma fonte de títulos pesada.

DETALHES

- Por onde começar — cada caractere contém algumas características únicas, que variam em largura de traço e nível de detalhamento.
- Alguns caracteres (como "R" e "S") se juntam quando combinados, mas podem também funcionar sozinhos, se necessário.

PARCEIROS NATURAIS

- Essa é uma fonte que desafia a categorização, mas é construída em torno de uma forte geometria básica. Então, por que não combiná-la com a Futura?

CARACTERÍSTICAS

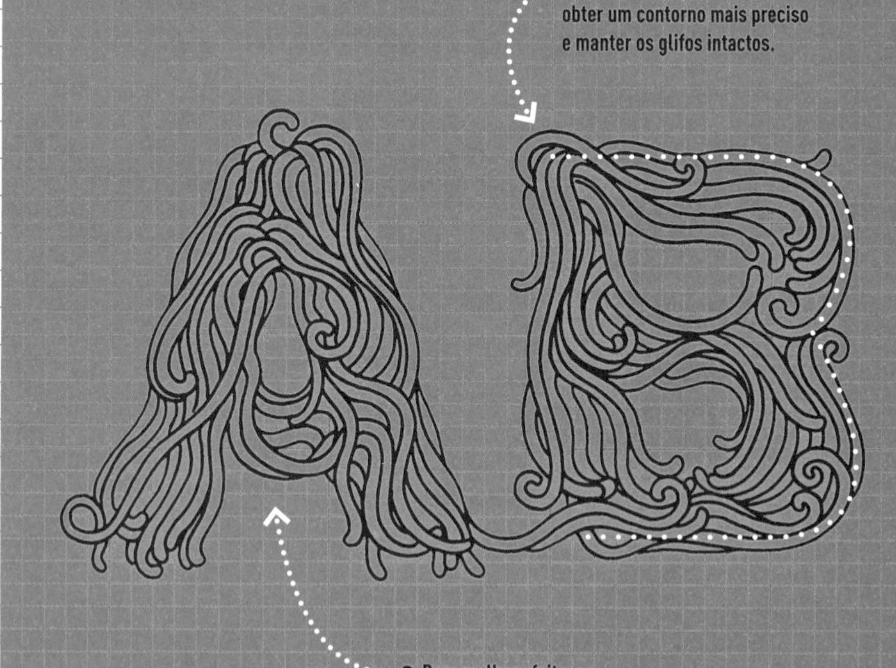

- Trabalhe de forma solta para obter um contorno mais preciso e manter os glifos intactos.
- Para melhor efeito, os traços transversais e as ligações inclinam-se em curvas suaves.

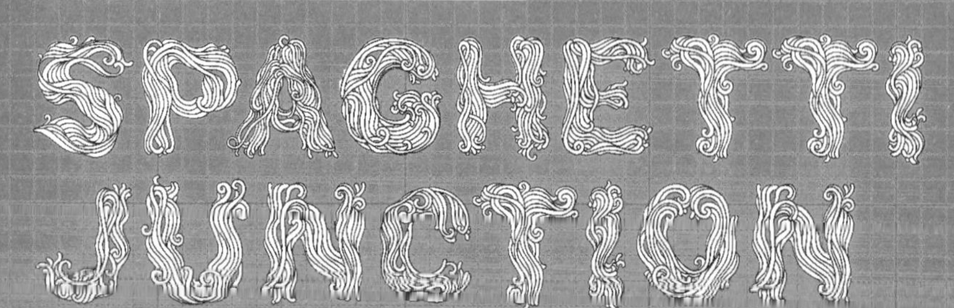

SPAGHETTI JUNCTION

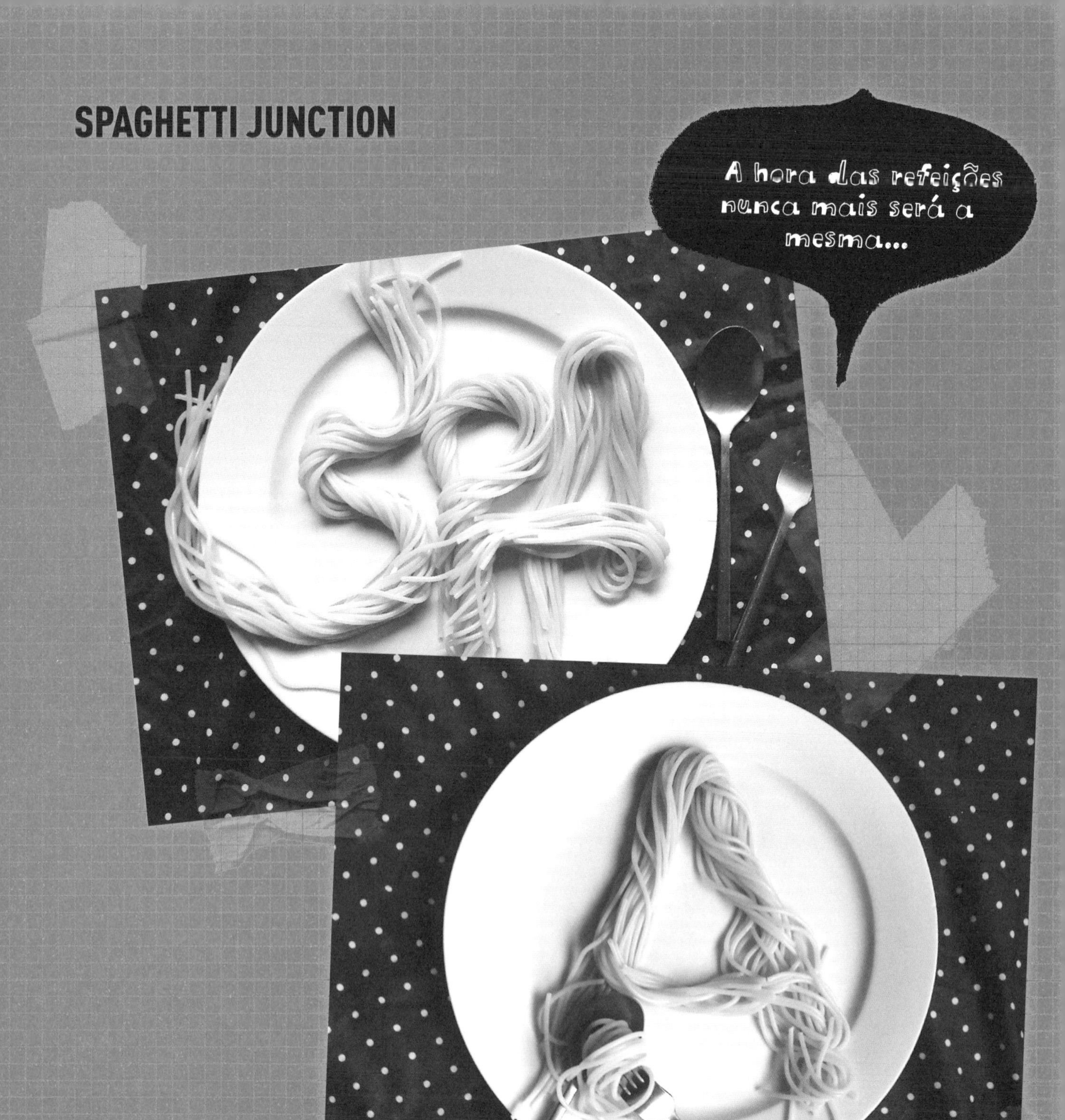

PRATIQUE

SLOWWORM

Você já leu *How to eat fried worms* [Como comer minhocas fritas], de Thomas Rockwell? Quando criança (e provavelmente até hoje), Tonwen Jones tinha um grande carinho por esse livro, que foi a inspiração dessa fonte. Para variar, tente mudar a posição das cabeças e das caudas para criar caracteres alternativos.

ANATOMIA

À primeira vista, essa fonte parece ter sido desenhada de maneira muito solta, mas os caracteres são mais estruturados do que aparentam. É uma fonte muito divertida para crianças. Legibilidade é muito importante para desenvolver mentes, e os glifos de Slowworm são altamente legíveis. É uma fonte fácil para começar.

DETALHES

- Caracteres formados por uma "minhoca" se interrompem sem formar contraformas fechadas.
- O "P" maiúsculo apresenta um canto pontudo, enquanto outros caracteres são mais arredondados.

PARCEIROS NATURAIS

- Os terminais arredondados da Slowworm dão uma dica para uma boa parceira tipográfica. Para títulos, tente **Bryant**; para textos corridos, **Cholla Sans**.

CARACTERÍSTICAS

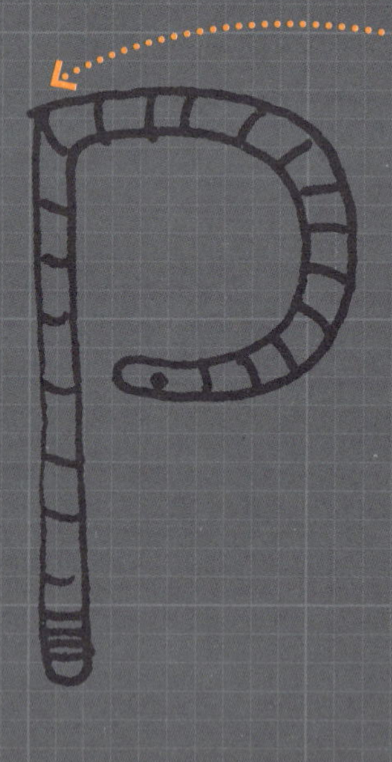

- O "P" apresenta um canto pontudo, enquanto outros glifos são mais arredondados.

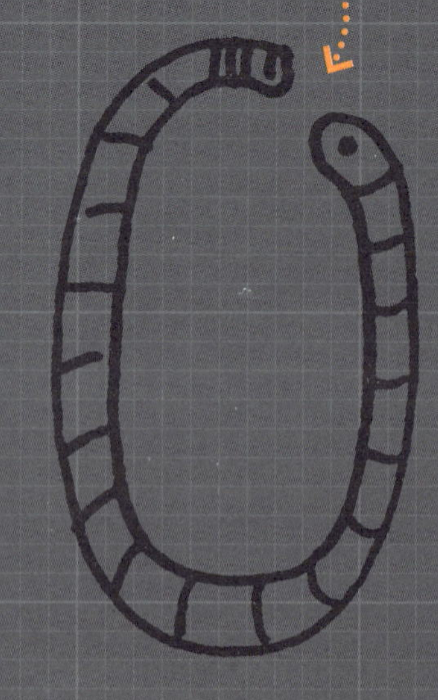

- Vários glifos apresentam bojos ou olhos abertos.

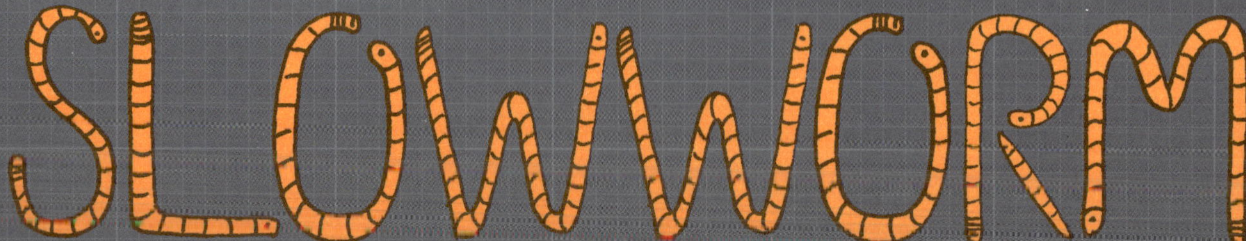

A B C D E F

G H I J K L

M N O P Q R

S T U V W

X Y Z

SLOWWORM

PRATIQUE

BULK

Durante as férias em Sydney, na Austrália, Wayne Blades estava na loja de móveis Orson & Blake quando rabiscou uma cadeira e uma mesa que o fizeram lembrar glifos tridimensionais. O plano dele era fazer um curso e produzir móveis caros um dia — será que essa fonte poderá dar o pontapé inicial a essa ambição?

ANATOMIA

Os caracteres dessa fonte são cortados por blocos virtuais com ângulos de 90°. Então, não há superfícies curvas em nenhum dos glifos. O desafio de diferenciar caracteres similares, como o "U" e o "V", é resolvido por meio da variação na largura dos traços.

DETALHES

- O "A" é sólido entre o vértice e o traço horizontal.
- Alguns caracteres, como "D" e "E", não apresentam traços verticais.

PARCEIROS NATURAIS

- Com essa fonte, que é tão sólida e impositiva, uma serifada com característica clássica vai combinar bem. Para textos corridos tente Bembo ou Mrs. Eaves, que têm uma incomum altura-x baixa.

CARACTERÍSTICAS

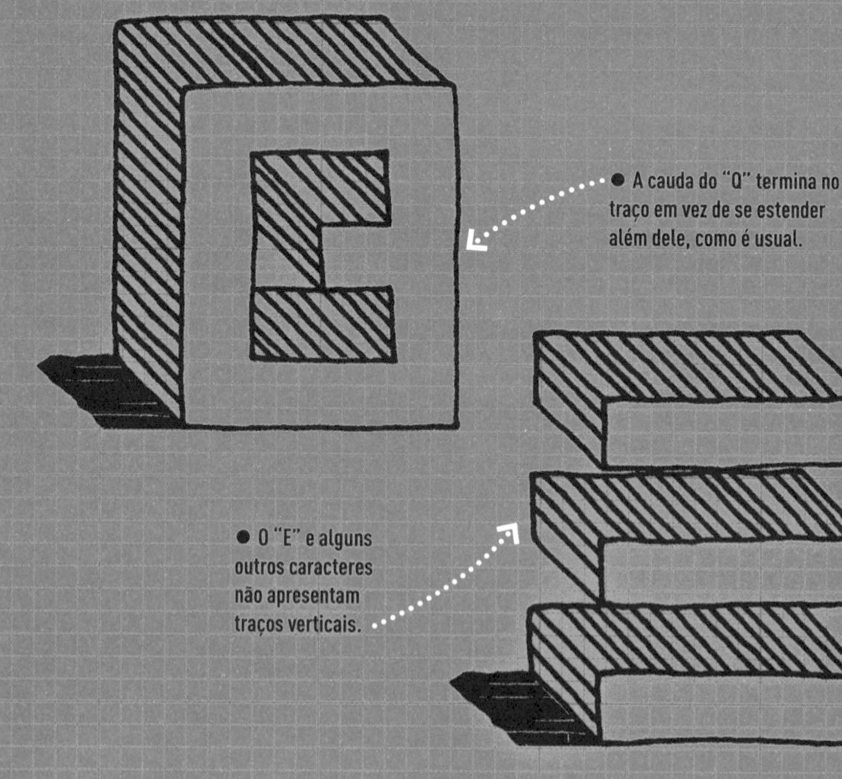

- A cauda do "Q" termina no traço em vez de se estender além dele, como é usual.
- O "E" e alguns outros caracteres não apresentam traços verticais.

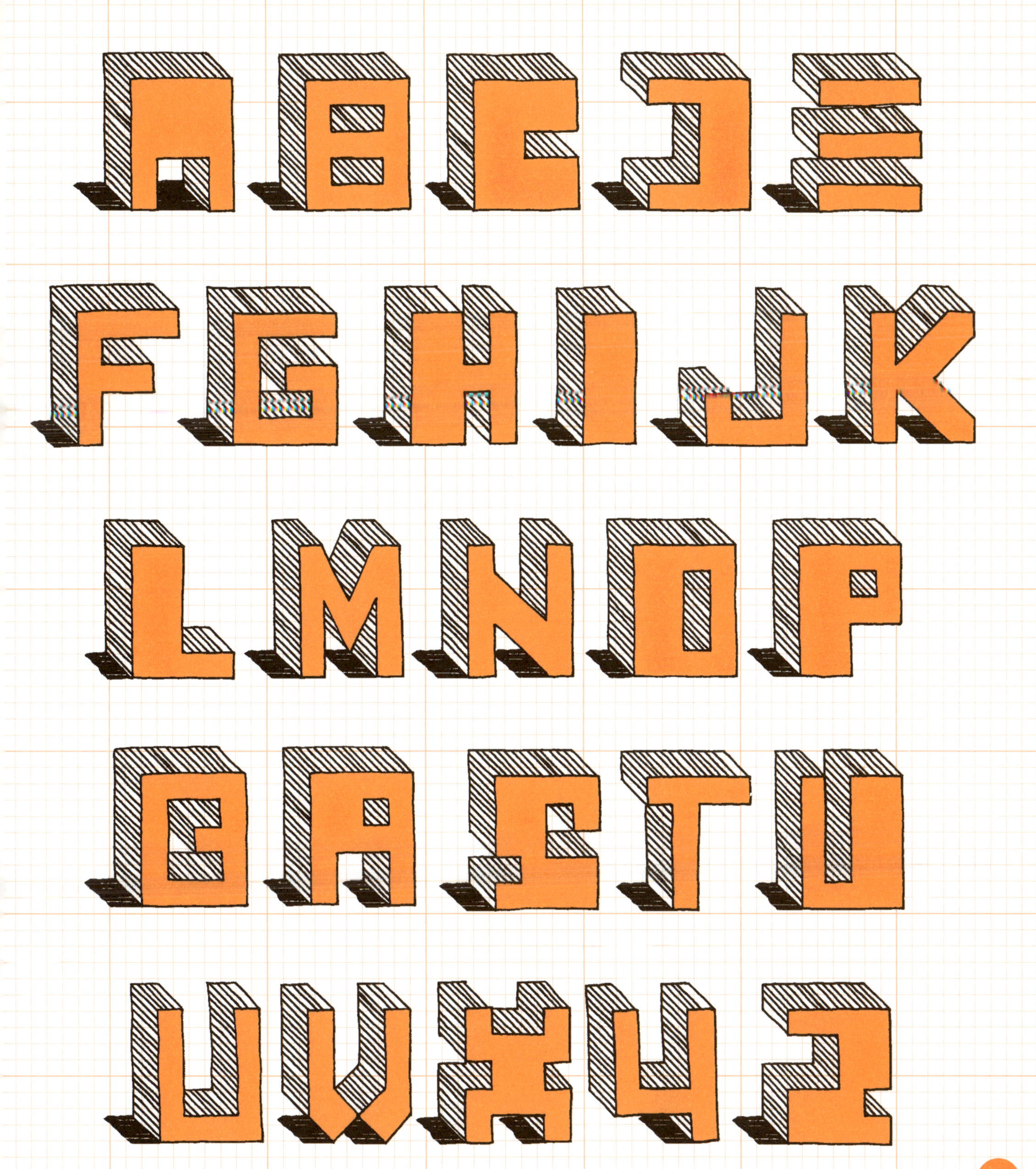
ABCDE
FGHIJK
LMNOP
QRSTU
VWXYZ

BULK

PRATIQUE

HAIRY BEAST

Se há uma tipografia que fica excelente num livro ilustrado para crianças sobre, bem, coisas cabeludas, é essa. A inspiração veio do colega de apartamento do ilustrador, que tinha dedos particularmente cabeludos. Argh! Muita informação, eu acho, mas essa fonte é muito fofa.

ANATOMIA

A personalidade desta fonte bem-humorada se baseia principalmente na decoração cabeluda e na adição de dedos nos terminais, mas as qualidades irregulares dos traços também acrescentam uma sensação amigável e de aconchego ao estilo.

DETALHES

- A cauda do "Q" maiúsculo cruza a contraforma.
- A parte superior do "G" maiúsculo projeta-se visivelmente sobre a haste.

PARCEIROS NATURAIS

- Sendo essa uma candidata óbvia para ser usada em material para crianças, fontes parceiras devem apresentar um alto nível de legibilidade. Uma fonte simples como a VAG Rounded funcionará, assim como a extremamente versátil Frutiger.

CARACTERÍSTICAS

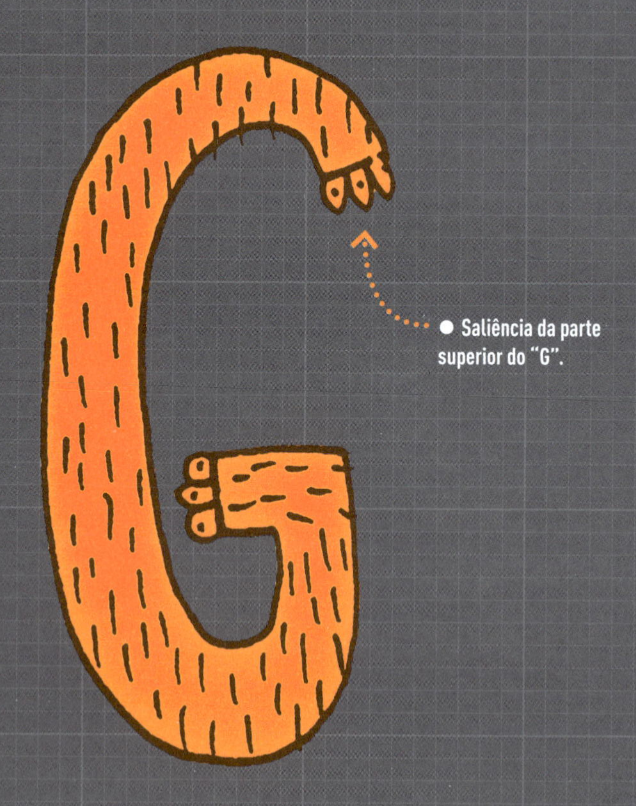

- Saliência da parte superior do "G".

A B C D E F

G H I J K L

M N O P Q R

S T U V W

X Y Z

HAIRY BEAST

Substitua estes dedos por dentes para tornar a fera mais assustadora...

PRATIQUE

SPOTTY FAIRGROUND

Placas *vintage* em um píer foram o ponto de partida para a criação dessa fonte, inspirada nos parques de diversão, por Michelle Tilly. Os pontos adicionados aos glifos lembram as luzes encontradas nos brinquedos dos parques antigos, mas também fazem os caracteres parecerem com partes de uma fechadura antiga ou até com detalhes de uma armadura.

ANATOMIA

Os caracteres dessa fonte *vintage* parecem ser cortados por uma folha de metal ou talvez de madeira, o que remete à tipografia que influenciou o design.
Tente acrescentar algumas cores alternativas aos pontos para obter energia extra.

DETALHES

- Os vértices na base do "W" maiúsculo se curvam para fora.
- Os traços horizontais no "E", no "F" e no "L" são ligeiramente curvos.

PARCEIROS NATURAIS

- Não fique tentado a combinar essa fonte com as aparentemente *vintage* que pipocam nos websites. Use uma fonte *vintage* com qualidade genuína, como a **Clarendon** ou a original Baskerville.

CARACTERÍSTICAS

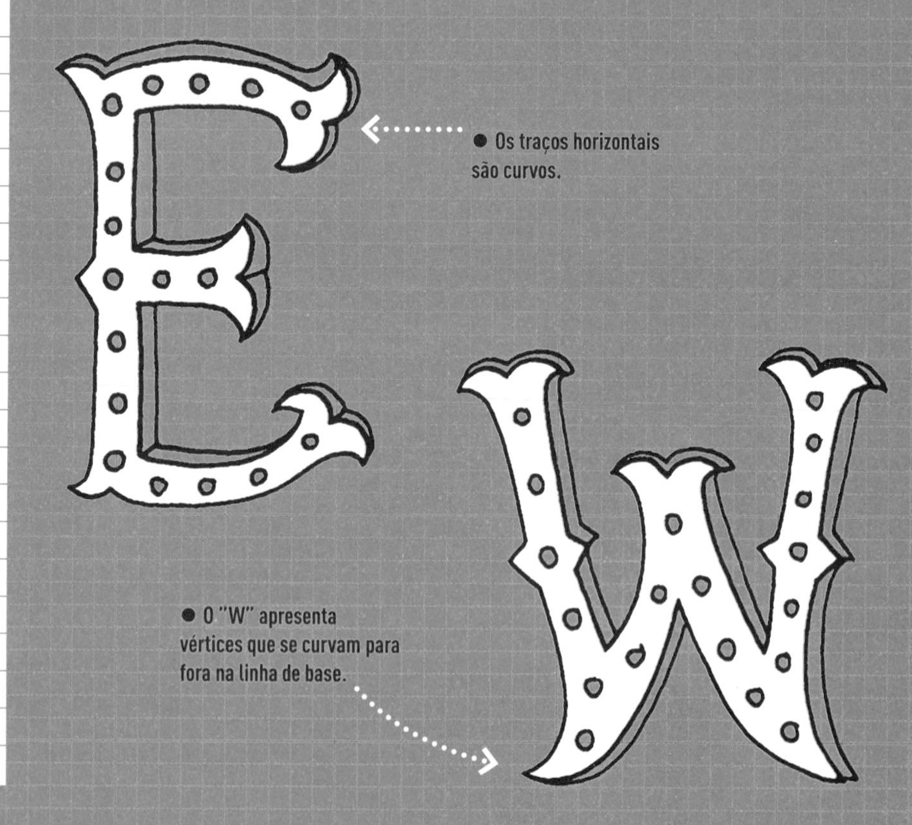

- Os traços horizontais são curvos.
- O "W" apresenta vértices que se curvam para fora na linha de base.

SPOTTY FAIRGROUND

A B C D E F

G H I J K L

M N O P Q R

S T U V W X

Y Z

SPOTTY FAIRGROUND

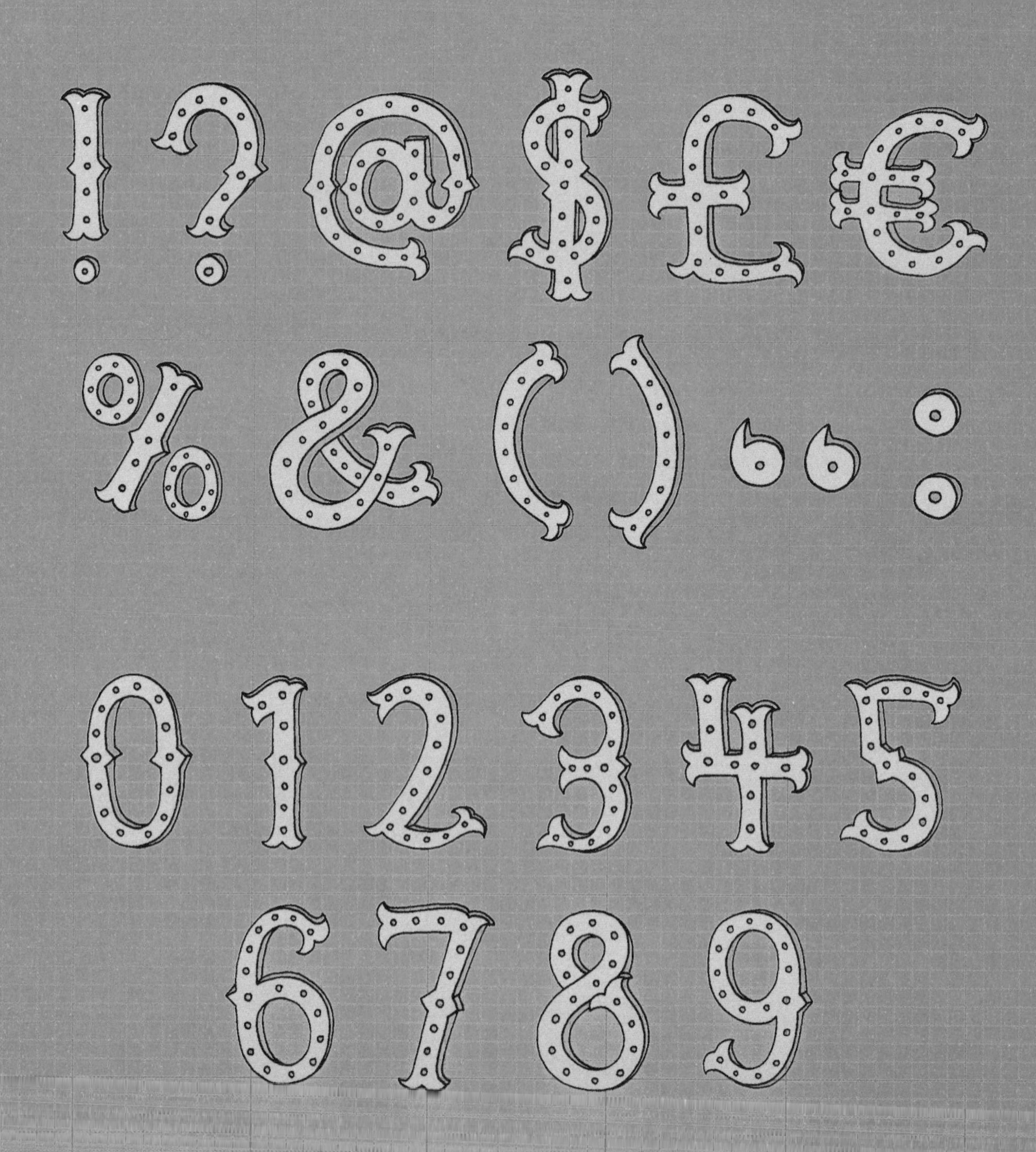

PRATIQUE

CARNIVAL FREEHAND

Baseada na conhecida fonte Rosewood, essa versão desenhada à mão parece, à primeira vista, bem similar à original, mas, observando-a, percebe-se que as formas soltas do redesenho dão um aspecto diferente aos caracteres. A característica da linha irregular está muito mais para "carnavalesca" do que para "apresentador brilhante".

ANATOMIA

A clássica fonte de parque de diversões é revisitada aqui como um *show* de carnaval rústico com seu estilo solto de desenho à mão. Os traços podem ser recoloridos com cores primárias para obter uma aparência tradicional ou com cores brilhantes para evocar uma sensação mais contemporânea.

DETALHES

- O "G" não tem abertura, refletindo a influência da ROSEWOOD no design.
- O "R" maiúsculo tem a cauda proeminente virada para cima.

PARCEIROS NATURAIS

- Como a fonte anterior, Spotty Fairground, Carnival Freehand deve ser combinada com uma tipografia genuína. Dê uma olhada na Caslon ou na Granjon, um redesenho da Garamond.

CARACTERÍSTICAS

- O "G" não apresenta a abertura usual.

- O traçado solto muda a aparência do caractere original.

CARNIVAL FREEHAND

A B C D E F

G H I J K L

M N O P Q R

S T U V W X

Y Z

CARNIVAL FREEHAND

0 1 2
3 4 5 6
7 8 9

PRATIQUE

SEVEN O'CLOCK SHADOW

Dave Pentland é afortunado por trabalhar num estúdio de frente para o mar em Brighton, no Reino Unido. Certa tarde, ao pôr do sol, ele notou sombras subindo pelas paredes de alguns edifícios vitorianos vizinhos. Uma simples fonte cursiva em que ele estava trabalhando se transformou na Seven O'Clock Shadow.

ANATOMIA

O eixo inclinado dessa fonte casualmente amórfica denuncia sua origem como uma tipografia cursiva mais formal. As maiúsculas concentram peso à esquerda e as minúsculas tendem a ser ligeiramente mais pesadas na base, ancorando os caracteres à linha de base.

DETALHES

- O "W" maiúsculo apresenta um vértice central muito baixo que quase se funde com as hastes externas.
- As hastes de cada caractere são mais grossas à esquerda do que à direita.

PARCEIROS NATURAIS

- Essa fonte tem muita presença visual, por isso, fontes complementares precisam apresentar um contraste com ela. Você pode usar a **Unit Black** ou Unit Light para conseguir esse contraste.

CARACTERÍSTICAS

- O vértice central do "W" é muito baixo comparado com a altura da maiúscula.

rs

- Os caracteres em caixa-baixa apresentam aumento da largura da haste perto da linha de base.

SEVEN O'CLOCK SHADOW

ABCDEFG

HIJKLMN

OPQRST

UVWXYZ

.?!@£": $()

SEVEN O'CLOCK SHADOW

abcdefg
hijklmn
opqrstu
vwxyz
àéôïñüçß

PRATIQUE

ABRUPTURE

Scott Suttey estava tentando materializar uma fonte irregular, mas tradicionalmente estruturada, quando criou Abrupture. Ele desenhou um conjunto padronizado de segmentos de caracteres, escaneou-os e juntou cada caractere usando Adobe Illustrator. A altura das maiúsculas varia, mas a linha de base é constante.

ANATOMIA

Essa fonte bem proporcional e cuidadosamente construída dá a impressão de ser mais alta do que realmente é. As barras elevadas e os pequenos olhos coordenados direcionam o olhar para a parte superior dos caracteres, trazendo elegância para a tipografia.

DETALHES

- O "V" apresenta uma haste vertical em vez do mais usual par de traços diagonais.
- A perna do "K" começa como um traço horizontal.

PARCEIROS NATURAIS

- Como essa fonte parece tão alta, é um truque tipográfico usar uma fonte parceira com baixa altura-x como um contraste. Tente Eureka Sans ou Kievit.

CARACTERÍSTICAS

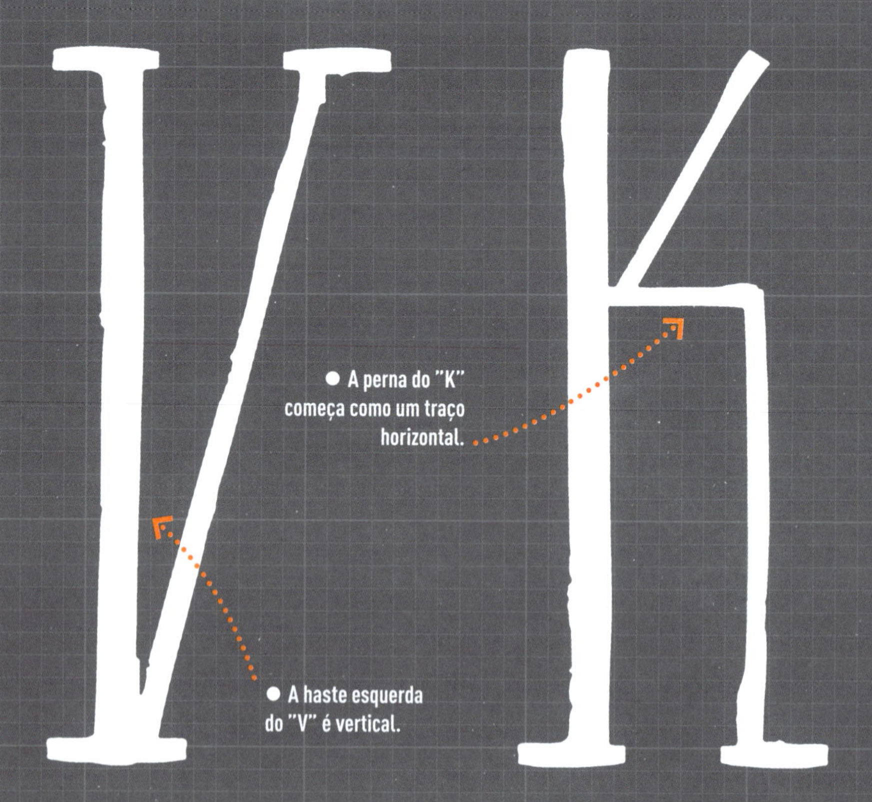

ABRUPTURE

ABCDEFGHIJK

LMNOPQRST

UVWXYZ

ÀÇÉÏÑÔÜß

1234567890

ABRUPTURE

abcdefghijk
lmnopqrst
uvwxyz
àçéïñôüß fi ct Th
!?@$&%£“”;:()

PRATIQUE

LEPIDOPTERA

Há algo que lembra um inseto nessa fonte. Isso se explica pelo fato de que Tonwen Jones inspirou-se nas antenas de borboletas para criar os caracóis que se unem às colunas e às hastes. O adorno adicionado às hastes realça a elegância dessa fonte atraente.

ANATOMIA

Lepidoptera é uma das fontes mais caligráficas apresentadas neste livro. As suaves espirais, desenhadas para parecer antenas de insetos, tornam-na peculiarmente decorativa.

DETALHES

- O "G" não apresenta traço transversal.
- Alguns caracteres, como o "U" e o "V", só apresentam uma haste.

PARCEIROS NATURAIS

- Embora uma sem serifa contrastante pudesse funcionar como parceira dessa delicada fonte, tente trabalhar com uma serifada leve quando usar Lepidoptera com texto corrido. Procure Bodoni ou Didot, que têm serifas muito finas.

CARACTERÍSTICAS

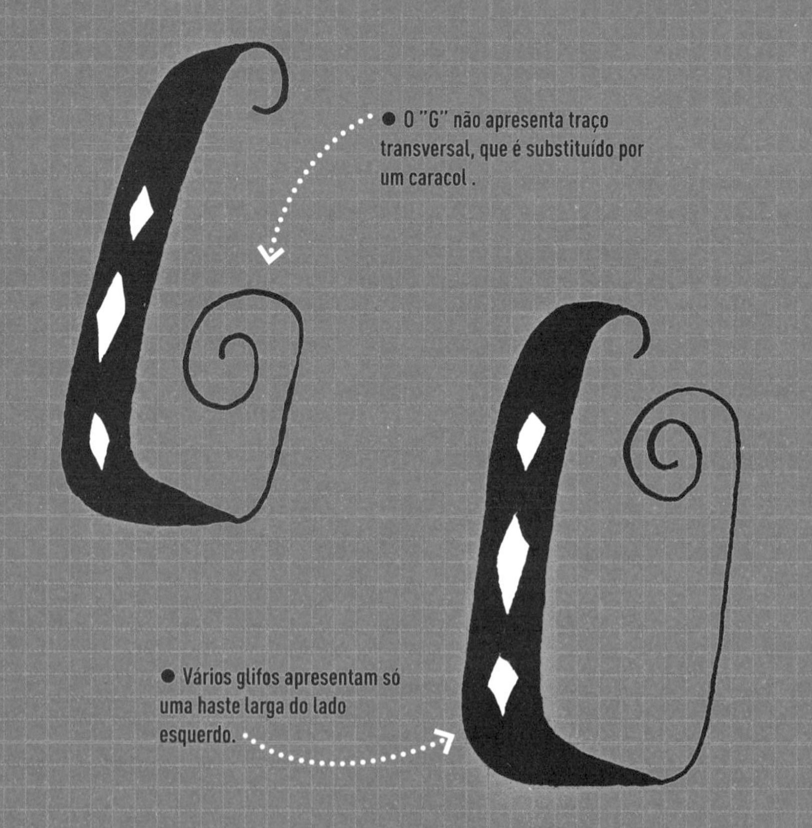

A B C D E F

G H I J K L

M N O P Q R

S T U V W

X Y Z

LEPIDOPTERA

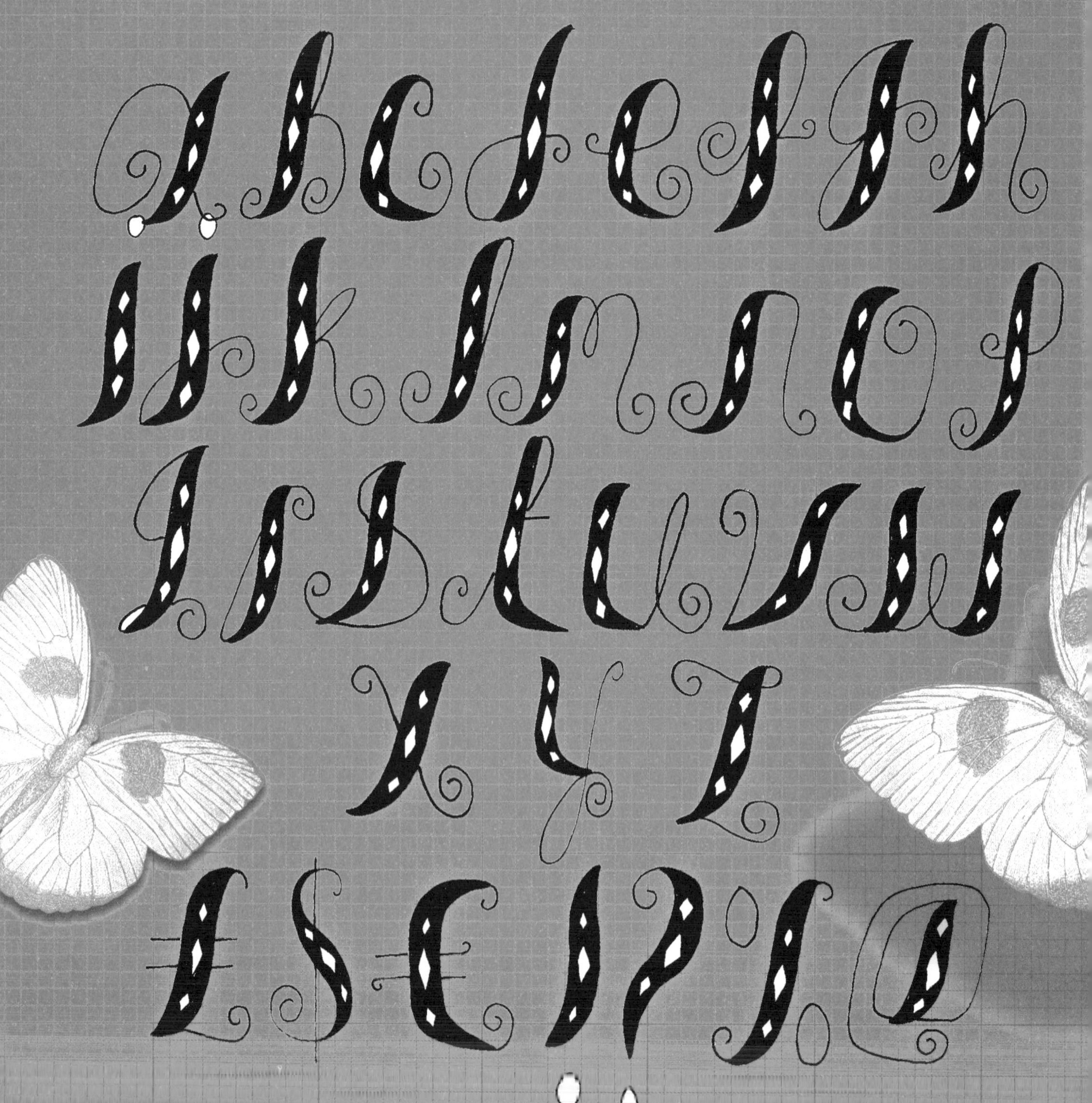

PRATIQUE

CRESCENT

Holly Sellors estava com dificuldade para criar uma fonte quando observou o amarelo-escuro da lua crescente através da janela.
As curvas relativamente finas e as formas crescentes que compõem os caracteres dessa fonte são um reflexo daquela visão inspiradora.

ANATOMIA

A maior parte das formas irregulares dos caracteres dessa fonte é formada pela sobreposição de crescentes com um lado reto. Isso cria a interessante justaposição das formas externas redondas das letras com as contraformas quadradas. Caracteres em caixa-baixa se conectam de forma similar com uma tipografia cursiva mais tradicional.

DETALHES

As hastes e os traços são ligeiramente diferentes um do outro em peso ou forma. Formas redondas contêm contraformas quadradas.

PARCEIROS NATURAIS

Você precisará selecionar uma parceira com muita presença para balancear essa fonte muito pesada. Tente a conhecida Gill Sans ou talvez a adaptável **Interstate**.

CARACTERÍSTICAS

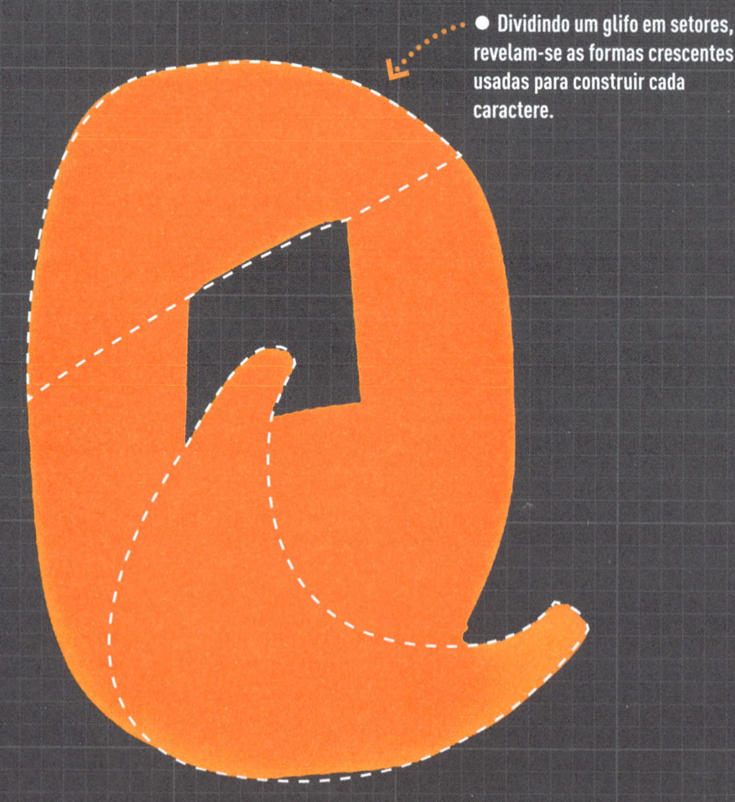

CRESCENT

ABCDEF

GHIJKL

MNOPQR

STUVW

XYZ

CRESCENT

abcdefghij

klmnopqr

stuvwxyz

123456789

(!?@&$£%:;,)

PRATIQUE

SCRIPT TWO

A ideia de uma fonte cursiva lembra a imagem de canetas-tinteiro e potes de tinta. Foram esses itens que inspiraram a criação desse alfabeto elegantemente fluido. Como muitos trabalhos de Tonwen Jones, os desenhos dos glifos vinculam-se a seu estilo de ilustração.

ANATOMIA

Essa sutil fonte caligráfica é um bom exemplo de como uma fonte desenhada à mão pode representar o estilo da caligrafia do designer. Os caracteres são elegantemente caligráficos, com muito contraste entre os traços grossos e finos.

DETALHES

- Não há hastes verticais ou retas. O "E" não apresenta haste.
- Laços são usados em junções nas quais um traço fino e um grosso se encontram.

PARCEIROS NATURAIS

- Script Two seria favorecida por uma parceria com uma sem serifa contrastante. Dê uma olhada na Benton Sans ou na Dax.

CARACTERÍSTICAS

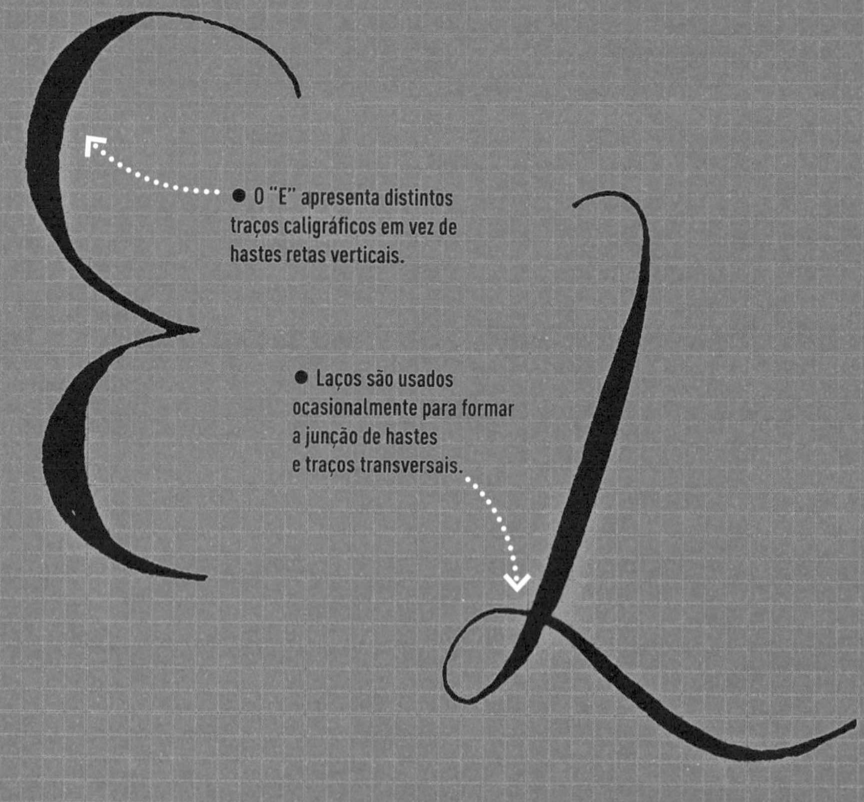

SCRIPT TWO

A B C D E F

G H I J K L

M N O P Q R

S T U V W

X Y Z € $ £ @ ?

SCRIPT TWO

ab cd ef gh ij

kl mnopqrst

uvwxyz

12345

6789

PRATIQUE

BLACKOUT

Criar uma fonte cursiva com algo mais não é tarefa fácil, já que se consolidou a ideia de que uma cursiva deve ser derivada de um estilo de caligrafia histórico ou moderno. Entretanto, combinar uma letra cursiva tradicional com uma significativa característica "extra", como contraformas preenchidas, pode funcionar.

ANATOMIA

As áreas preenchidas dessa fonte divertida tendem a ser notadas antes da forma do caractere inteiro: os traços principais são razoavelmente leves e só determinadas áreas são sólidas. Isso ajuda a tornar cada glifo diferente e proporciona a legibilidade.

DETALHES

- O "M" não apresenta caracóis (diferentemente do "A" ou do "N") na parte de baixo de cada haste.
- A maioria dos caracteres é formada por apenas um traço — sendo exceções o "D", o "Q" e o "T".

PARCEIROS NATURAIS

- Uma sem serifa com características fluidas como a Blackout funciona bem. TheSans é uma dessas, e apresenta grande variedade de pesos para escolher.

CARACTERÍSTICAS

- Áreas são preenchidas seletivamente para ajudar no reconhecimento do caractere.

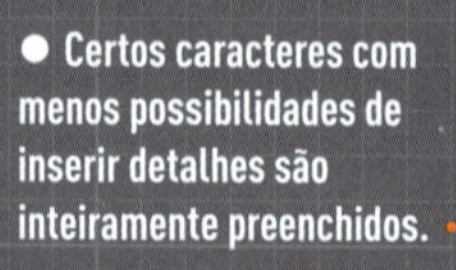

- Certos caracteres com menos possibilidades de inserir detalhes são inteiramente preenchidos.

BLACKOUT

a b c d e f g h i j k l
m n o p q r s t u
v w x y z
1 2 3 4 5
6 7 8 9

PRATIQUE

OCTOBET

Uma ilustradora recém-formada na Universidade de Brighton, Alex Wells teve inspiração em uma antiga lenda norueguesa para criar essa fonte ligeiramente sinistra e muito detalhada. De acordo com essa lenda, o Kraken era uma criatura enorme, parecida com um polvo, que viveu perto da costa da Noruega e da Groênlandia.

ANATOMIA

Os vitorianos amavam criar fontes ilustrativas usando formas orgânicas, e Octobet não pareceria deslocada em um livro do fim do século XIX. Entretanto, o complicado detalhamento da superfície torna essa fonte muito mais contemporânea que os antigos tipos talhados em madeira.

DETALHES

- Os caracteres circulares (ou quase circulares) "D", "O" e "Q" são visualmente bem similares.
- Detalhes de superfície variam consideravelmente para cada glifo.

PARCEIROS NATURAIS

- Uma fonte serifada classicamente proporcional é a parceira ideal para uma fonte desse tipo. Perpetua é baseada num estilo de letras simples e entalhadas e não entra em conflito com o alto nível de detalhes da Octobet.

CARACTERÍSTICAS

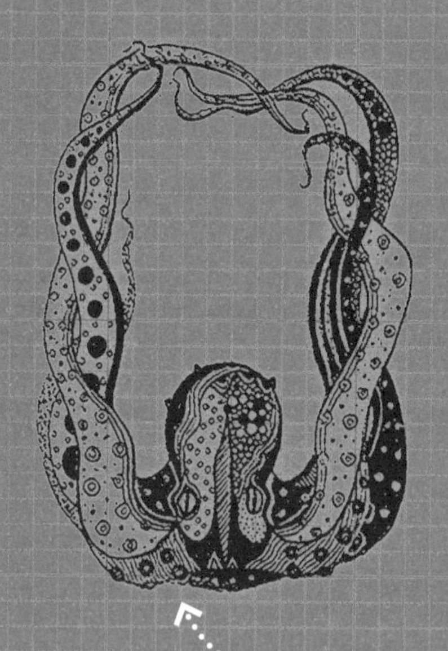

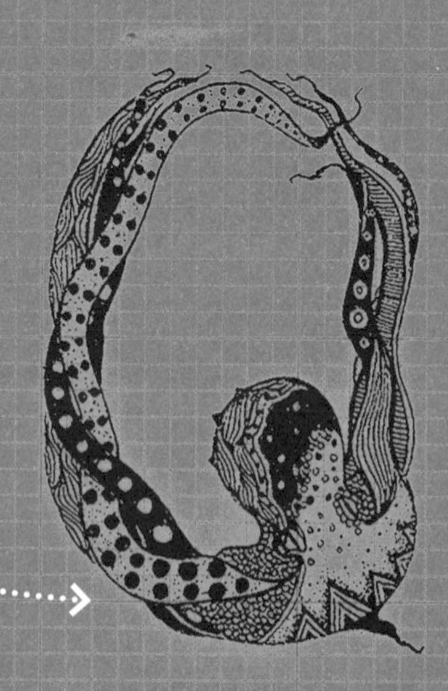

- O "O" e o "Q" são muito similares — o "Q" é ligeiramente rotacionado para indicar o traço transversal.

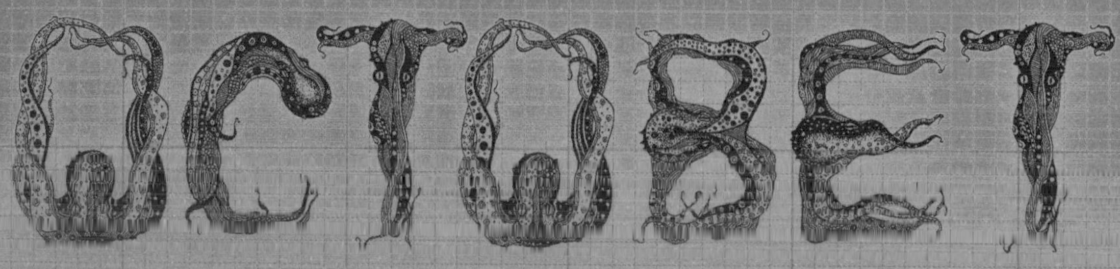

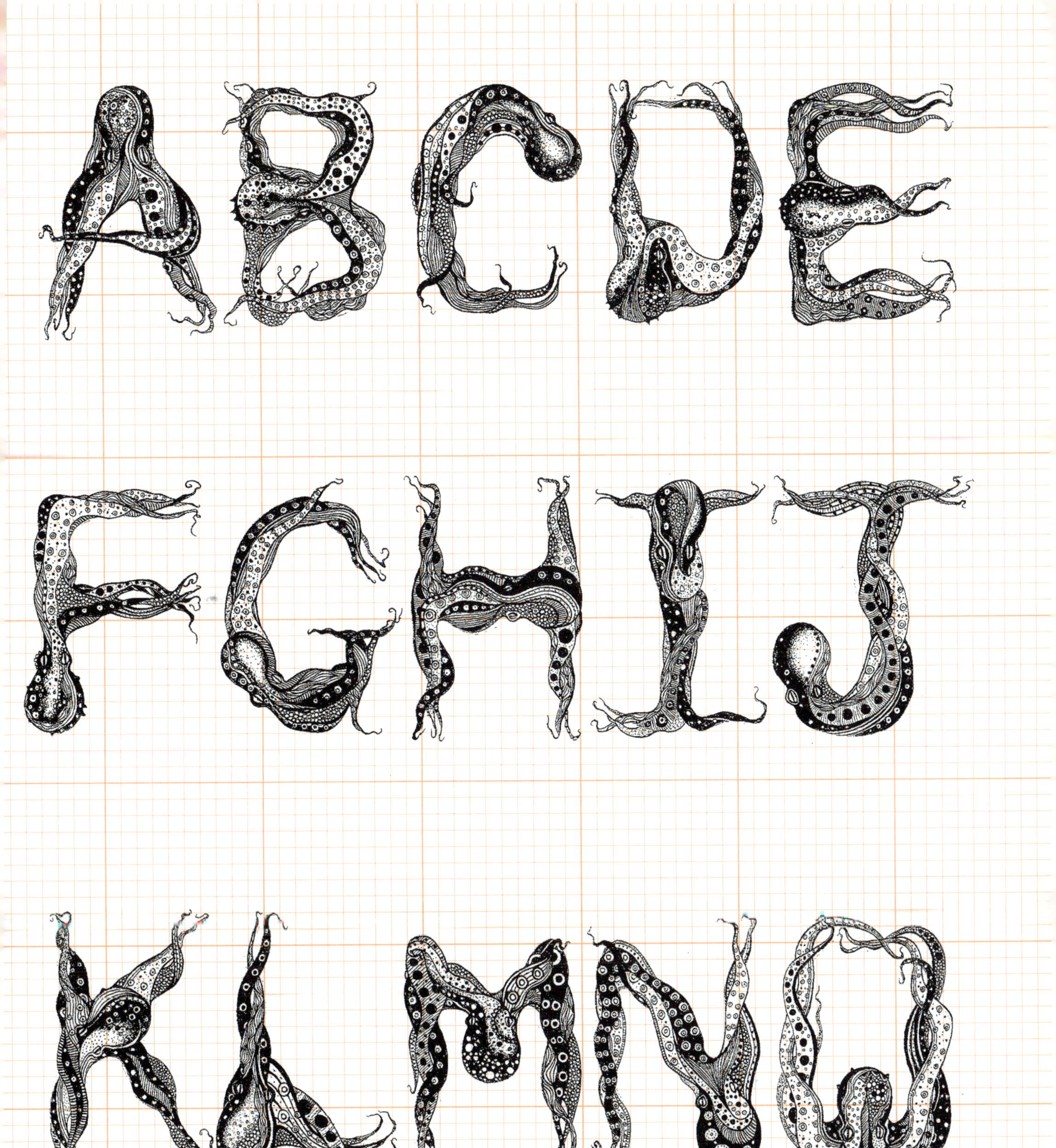
ABCDE
FGHIJ
KLMNO

OCTOBET

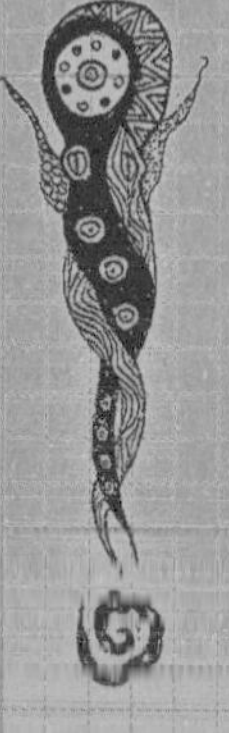

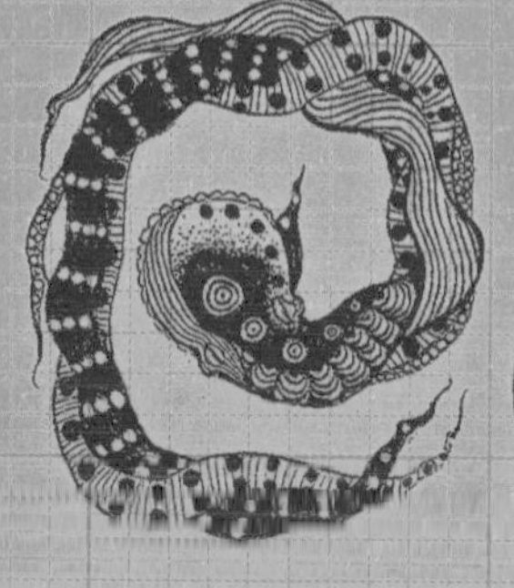

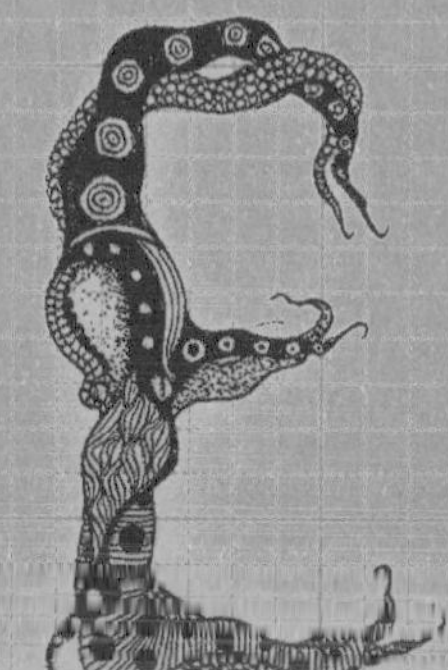

PRATIQUE

KATIE'S HAND

Além de seus primeiros amores (fotografia e produção de imagens), Katie Greenwood tem paixão por design e tipografia, e produziu essa fonte manuscrita enquanto pensava em um projeto para uma cursiva casual. A fonte reproduz a caligrafia de Katie, daí o nome, mas é aparentemente mais organizada.

ANATOMIA DA FONTE

Como Script Two (veja na página120), Katie's Hand simula a caligrafia da designer, mas seu estilo é mais "cotidiano", já que há pouco contraste na largura dos traços. Pode-se dizer que ela está mais para uma fonte desenhada com caneta hidrográfica do que para uma feita com caneta-tinteiro.

DETALHES

- O eixo inclinado para a frente indica que a designer é destra.
- Caracteres com uma única haste (com exceção do "P") não têm os pés virados para fora.

PARCEIROS NATURAIS

- Por ser uma fonte manuscrita mais direta, Katie's Hand pode ser combinada com sucesso com várias fontes. Tente uma sem serifa como Avenir ou uma serifada como Garamond.

CARACTERÍSTICAS

M

- O vértice inferior do "M" não alcança a linha de base.

A

- Os pés de vários caracteres com hastes verticais ou diagonais são virados para fora.

KATIE'S HAND

ABCDEFG

HIJKLMN

OPQRSTU

VWXYZ

!@£$%^*().,

KATIE'S HAND

abcdef
ghijklm
nopqrs
tuvwxyz
1234567890

PRATIQUE

ALPH
@
%
tuvw
uvwx
ñ ü ß é à ô ï ç

COMO USAR SUAS FONTES

COMPUTADORES E FONTES

Primeiramente, vamos esclarecer a diferença entre uma fonte e uma tipografia, já que é um equívoco comum considerá-las sinônimas. Uma fonte é o conjunto de caracteres, ou mais precisamente glifos, de uma tipografia, incluindo números, sinais de pontuação e vários outros símbolos, com tamanho de corpo e peso específicos. Uma tipografia é a coleção de todos os corpos e pesos de uma família de fontes.

Por exemplo, **Rockwell** (veja na página 16) é uma tipografia, mas **11 point Rockwell Bold** (fontes são medidas em pontos) é uma fonte. Em outras palavras, a tipografia é o design completo, enquanto a fonte é o código eletrônico instalado em seu Mac ou PC para permitir o processamento da tipografia na tela e a impressão pela sua impressora.

Ok, está tudo bem, mas como as fontes realmente funcionam?

Nos primeiros computadores, as fontes eram uma representação de bits de informação. Isso significava que uma pequena imagem separada de cada caractere devia ser criada para cada corpo. Se você quisesse visualizar uma fonte em um tamanho que não correspondesse aos bitmaps incluídos nela, os caracteres apareceriam serrilhados nas bordas, e o texto impresso geralmente pareceria feio.

Em meados dos anos 1980, a Adobe introduziu as fontes PostScript Type 1. As fontes PostScript eram baseadas em vetores ajustáveis, não em bitmaps, e não dependiam da geração de pequenas imagens para cada caractere. *(A propósito, falaremos de vetores com mais detalhes na página 146.)* Apenas uma imagem de cada caractere feita em vetor gerava o tipo exato, processado em qualquer corpo. Na mesma época, a Adobe adaptou o PostScript para ser usado pelos computadores para transmitir páginas a uma impressora a laser. Isso ajudou a revolucionar a editoração eletrônica. As fontes PostScript Type 1 eram compostas de duas partes: uma fonte para a tela e outra para a impressão. Ambas tinham que ser instaladas no sistema para funcionar adequadamente. Elas ainda são muito usadas, mas repesentam tecnologia antiga ou “software ultrapassado”.

A Apple aprovou essa tecnologia, mas não quis compartilhá-la com a Adobe; então, uniu-se à Microsoft para desenvolver uma tecnologia de fonte e impressão em vetor. A Apple produziu o TrueType, enquanto a Microsoft trabalhou na

65,536

Você provavelmente não precisará usar as 65.536 opções de glifos disponíveis em OpenType para desenhar seus projetos à mão! A fonte mostrada é Abrupture por Scott Suttey (veja na página 108).

impressora Trueimage, que nunca decolou e foi descartada em seguida. As fontes TrueType foram e em grande medida ainda são — muito bem-sucedidas. Milhares delas ainda estão por aí e em uso regular. Uma fonte TrueType consiste em um arquivo de dados por peso, e os sistemas de operação Mac e Windows incluem o software necessário para processá-la.

A atual tecnologia para fontes de vários tamanhos é a OpenType, cuja funcionalidade básica deve muito ao TrueType. Dessa vez, a Microsoft e a Adobe se uniram para desenvolver essa plataforma, que apresentou muitas vantagens em relação às tecnologias anteriores. A vantagem mais evidente é esta: uma única fonte OpenType pode conter 65.536 glifos em um único arquivo de dados, em vez dos meros 256 glifos que as antigas fontes Type 1 podiam administrar — ótimas notícias para os chineses!

BITMAP *VERSUS* VETOR

Quando se trata de fontes escalonáveis, os vetores são os campeões por causa da palavra "escalonável". "É possível mudar o tamanho de bitmaps", você me diz. Talvez esteja certo, mas, quando se trata de fontes, a qualidade é importante, e os vetores fornecem a mais alta qualidade para tipos, teoricamente podendo ser ampliados infinitamente.

Um bitmap é composto de pixels. Como funcionam muito bem com graduações de tons e misturas de cores, bitmaps são excelentes para produzir imagens fotorrealistas, mas dependem de resolução. As imagens impressas devem ter em torno de 300 dpi (o que significa uma resolução de 300 pontos por polegada) para ter boa qualidade. Imagens de tela para websites podem ter resolução muito mais baixa: em torno de 72 dpi. Como os bitmaps são dependentes de resolução, não são infinitamente escalonáveis, visto que qualquer ampliação produz uma correspondente perda de qualidade.

Vetores, por sua vez, não dependem de resolução, visto que usam formas geométricas

Esboço vetorizado do "Q" na fonte Adobe Caslon, mostrando os pontos e alças para ajuste.

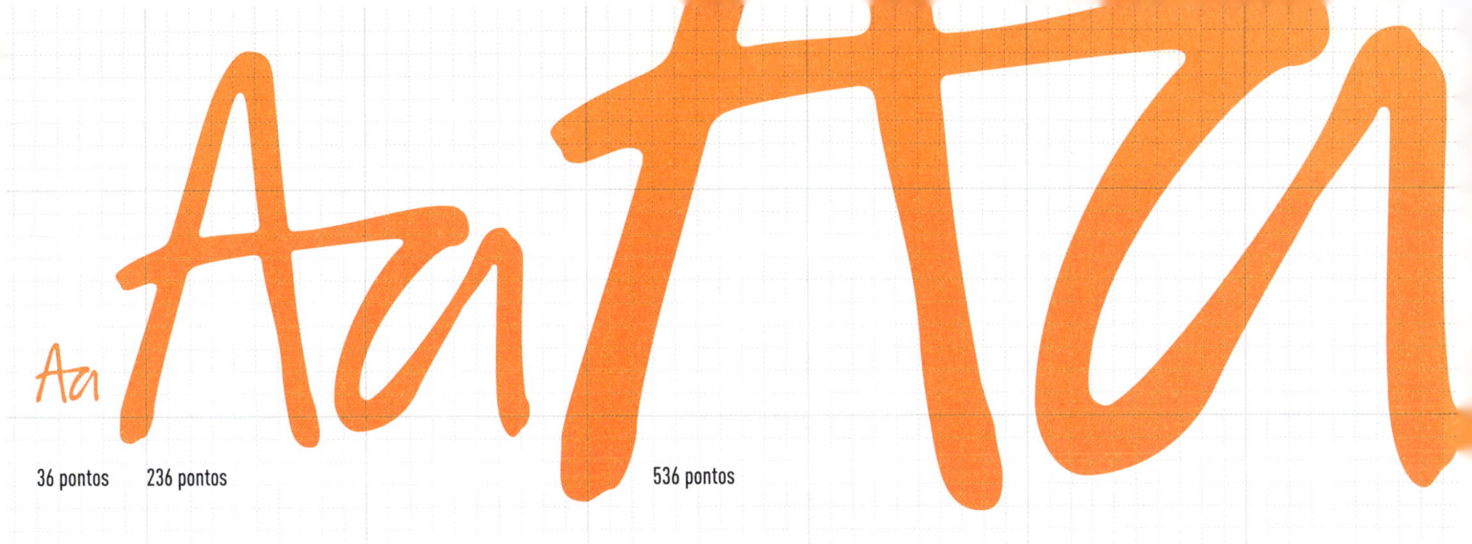

primárias *(que são basicamente o que a palavra sugere – objetos geométricos básicos)*, como pontos, linhas, curvas e polígonos. Um vetor é composto de linhas, e não de pixels, e uma equação matemática calcula todos os pontos de intersecção e as formas entre esses pontos. Isso significa que, quando um vetor é redimensionado, a forma exata é recalculada e redesenhada no tamanho que se deseja. Vetores não são a melhor escolha de formato para criar imagens realistas, visto que uma construção baseada em linhas não se presta bem a alterações sutis na cor, embora bons resultados possam ser obtidos mesmo assim, dependendo do conteúdo da imagem. Entretanto, eles são perfeitos para logotipos, ilustrações técnicas e, claro, fontes. De acordo com as propriedades escalonáveis de um vetor, uma mesma fonte pode ser utilizada em 6 pontos, 60 pontos ou 600 pontos, sem perda de qualidade.

Há outra grande vantagem fornecida por vetores: o tamanho do arquivo. Pense numa linha desenhada como um bitmap. Você terá uma série de pixels alinhados, e cada pixel ocupará uma pequena parte dos dados. Quanto mais longa for a linha, mais pixels você precisará adicionar, e de mais dados você precisará para desenhar a linha. Agora pense numa linha desenhada como um vetor. Nunca haverá mais do que dois pontos, independentemente do comprimento da linha. Portanto, arquivos de vetores são muito menores que arquivos de bitmaps. É por isso que os designers tipográficos são capazes de manter os arquivos de suas fontes relativamente pequenos.

Lembre-se, entretanto, de que computadores e impressoras têm de converter tudo em bitmap. Como são digitais, trabalham com pixels, e o que você vê na tela ou no papel não é vetor, mas uma versão "rasterizada" do vetor, que pode ser definida como uma visualização muito precisa. O vetor é convertido em pixels, e a resolução da conversão é limitada à máxima resolução da tela de seu computador ou de sua impressora. Como ele é convertido ao tamanho atual todas as vezes, a qualidade de saída nunca é comprometida.

DESENHANDO E ESCANEANDO FONTES

Não há um método prescrito para desenhar fontes, mas algumas dicas podem ajudá-lo a obter resultados impressionantes. A primeira delas é: use papel de boa qualidade com uma superfície lisa que não emperre sua caneta enquanto você desenha. Tente, também, usar um papel com baixa absorção que não enrugue e que não distorça os glifos quando você utilizar caneta e tinta.

Considero a qualidade do papel em blocos de padrão superior boa para desenhar, mas experimente diferentes tipos de papel até encontrar o mais adequado para você. Além disso, use a ferramenta certa para o estilo de letreiramento que deseja criar. Rascunhar glifos com um lápis antes de cobri-los com caneta ou marcador é um bom caminho para começar, mas, se você quer algo caligráfico, tente usar caneta caligráfica desde o começo. Canetas finas de nanquim são ótimas para cobrir desenhos a lápis e deslizam bem sobre a superfície do papel para obter suaves curvas e linhas. Para desenhar linhas mais grossas, não há nada melhor que os bons e velhos pincéis marcadores Sharpie.

Como mencionei no começo deste livro, ao criar um conjunto inteiro de caracteres em vez de uma única peça, faça o possível para manter a mesma escala enquanto desenha os caracteres originais antes de escaneá-los. Não será fácil deixar todos do mesmo tamanho se isso não for feito, e os pesos das linhas variarão se você tiver de aumentar ou diminuir os caracteres.

Vamos, então, imaginar que você tem um grupo de caracteres desenhados à mão pronto para escanear. O melhor conselho que posso lhe dar aqui é trabalhar da forma mais limpa possível. Se você não usou seu scanner ultimamente, dê um bom polimento no vidro antes de começar e use uma borracha para apagar quaisquer linhas indesejáveis do original. Lembra-se de que mencionei lápis azul na página 8? Se você usar um lápis azul para criar seus esboços, o scanner não os reconhecerá (a menos que eles estejam excessivamente grossos); por isso considere esta opção.

Você pode escanear originais como um bitmap preto e branco imediatamente, considerando que, no fim, seus caracteres têm de ser compostos somente de áreas sólidas. Você não vai querer nenhuma sombra cinza neles, já que vai transformar esses caracteres em vetores em seguida. Eu recomendaria escanear em escala de cinza primeiro para conseguir o máximo de detalhes possível e, depois, realizar uma limpeza prévia no estágio de desenho do vetor. Escolha uma alta resolução no seu scanner — no mínimo de 300 dpi. Eu escaneio contornos em 600 dpi para assegurar que cada detalhe apareça.

Completado o escaneamento, abra as imagens num software de edição de imagens, como Photoshop Elements, para detectar detalhes indesejáveis. O caminho mais fácil para remover erros e linhas é usar o *Level Adjustment*

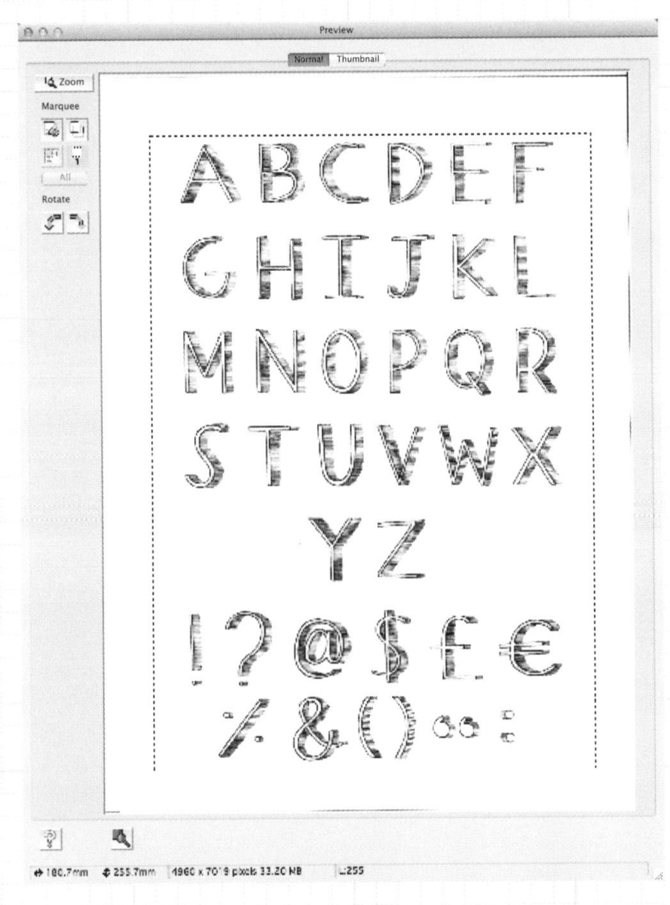

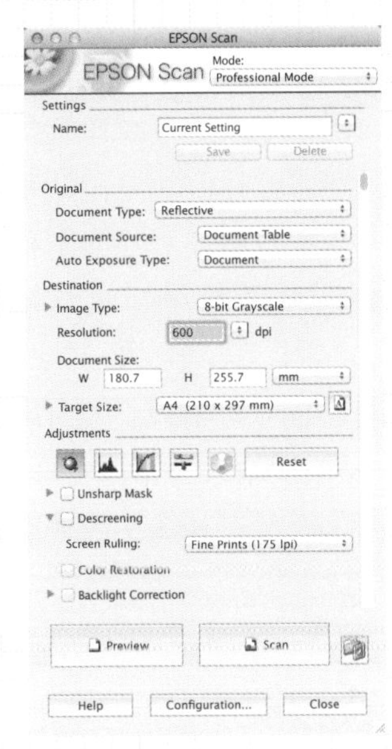

Verifique se você está escaneando em *Grayscale* (8-bit está bom para esse fim) e certifique-se de que a resolução está ajustada para pelo menos 300 dpi. Essa fonte é a Skinny Fringe, criada por Michelle Tilly (veja na página 44).

(*Enhance > Adjust > Lighting > Levels*) para ajustar o contraste, tornando os brancos mais brancos e os pretos mais pretos. Você não pode ajustar o contraste de um bitmap; daí meu conselho para começar com o escaneamento numa escala de cinza. Se estiver satisfeito com o escaneamento, estará pronto para começar a desenhar seu caractere.

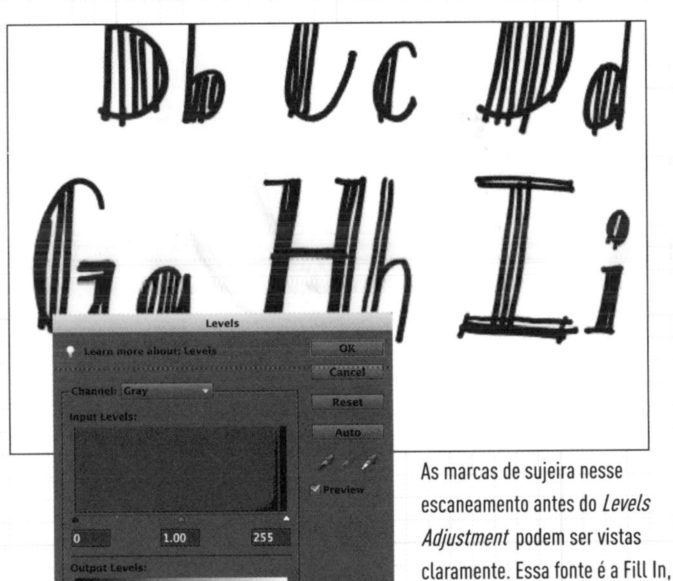

As marcas de sujeira nesse escaneamento antes do *Levels Adjustment* podem ser vistas claramente. Essa fonte é a Fill In, criada por Emma Frith (veja na página 40).

Mova o cursor direito do ajuste do *Input Levels* ligeiramente para a esquerda e as marcas serão removidas.

DESENHANDO COM VETORES

No contexto deste livro, nos deparamos com duas opções para digitalizar caracteres desenhados à mão. Podemos pegar nossa imagem escaneada e fazer um *auto-trace* direto, o que é rápido, fácil e perfeitamente aceitável para esse tipo de trabalho. Podemos também usar a imagem como um guia e redesenhar os caracteres manualmente usando as ferramentas disponíveis no pacote de software escolhido.

Usei o Adobe Illustrator CS6, mas os métodos aqui descritos podem ser aplicados a qualquer aplicativo popular que utilize vetor e esteja disponível; eles são mais fáceis de seguir do que você pode pensar a princípio.

Auto-tracing com Adobe Illustrator

Vamos começar falando de *auto-trace*. O Adobe Illustrator pode traçar uma imagem escaneada com alto grau de precisão e contém uma útil coleção de configurações. Por isso, você não vai se confundir com vários ajustes. Abra sua imagem no Ilustrator e clique na pequena flecha à direita do botão *Image Trace*, na barra de ferramentas no topo da tela. Se você estiver trabalhando com uma versão do Illustrator anterior à CS6, esse botão é chamado *Live Trace*. Você verá uma lista de ajustes preestabelecidos. Clique em cada um por vez para ver o que consegue, usando o comando *undo* quando necessário. No CS6, o melhor ajuste para

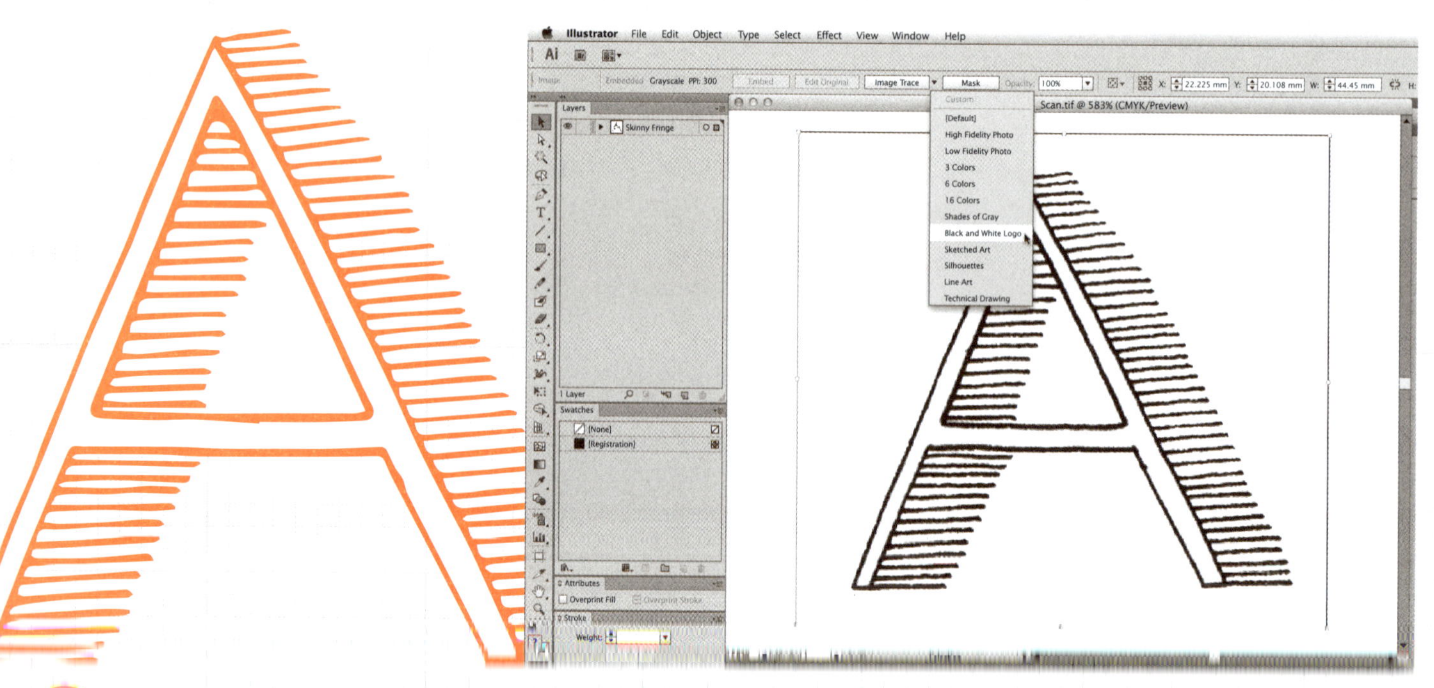

esse tipo de trabalho é provavelmente *Black and White Logo*. No CS5 ou anterior, há um ajuste convenientemente chamado de *Lettering* que funciona bem. Você pode também tentar a sorte e clicar diretamente no botão *Image Trace*, mas é possível que não obtenha os melhores resultados. Uma vez satisfeito com o que vê, clique no botão *Expand*, na mesma barra de ferramentas, e terá um caractere vetorizado pronto. Se você estiver interessado em explorar os ajustes especiais para traçado de imagem, acesse o painel específico no *Window > Image Trace*. Também vale a pena mencionar que o Illustrator CS6 introduziu algumas importantes melhorias à precisão dessa função.

Redesenho manual com Adobe Ilustrator

Os caracteres mais simples e com poucos detalhes podem ser redesenhados manualmente. O segredo para fazer isso bem é dominar a ferramenta *Pen*, o que é muito fácil com um pouco de prática. Ajustar o desenho também é relativamente simples. Se você escolher esse método, comece importando sua imagem para um documento novo no Illustrator. Em seguida, trave a camada assim que estiver na posição certa, para não correr o risco de selecioná-la acidentalmente toda vez que clicar nela. Agora tudo o que você tem a fazer é redesenhar, cuidadosamente, as bordas do seu caractere, usando a imagem como guia. Para utilizar a *Pen Tool*, faça o seguinte:

Clique uma vez e, depois, clique novamente, sem arrastar o cursor, para unir os pontos por uma linha reta. Se você quiser criar uma curva, clique no ponto em que você deseja inseri-la e arraste o cursor sem soltá-lo. A linha reta se transformará numa curva. Complete com alças, que você poderá usar depois para promover um ajuste fino.

Para retransformar a curva em linha reta, clique uma vez no último ponto que criou e continue desenhando com o cursor até obter ângulos retos e linhas retas.

Não demorará muito tempo para você assimilar essas ações — tudo é muito intuitivo. Logo você será capaz de tomar uma decisão rápida sobre traçar ou redesenhar seus caracteres, dependendo da complexidade e do nível de detalhes. Você pode até considerar uma combinação de ambos os métodos como sendo o melhor caminho.

Esquerda: Selecione o ajuste apropriado no menu da barra de ferramentas e sua imagem será vetorizada rapidamente e com alto grau de precisão. Essa fonte é Skinny Fringe, criada por Michelle Tilly (veja na página 44).

Direita: Aprender a redesenhar seus caracteres manualmente com a *Pen Tool* do Illustrator é um processo intuitivo, e não vai levar muito tempo para você se familiarizar com as técnicas envolvidas. Essa fonte é Control Chaos, criada por Sarah Lu (veja na página 28).

DIGITALIZANDO AS FONTES

A lista de soluções de software para transformar um conjunto de glifos em uma fonte digital não é particularmente extensa, mas as opções disponíveis são muito boas. A escolha do software deve ser regida sobretudo pelo nível de sofisticação que os seus projetos de fonte requerem. Escolhi um dos aplicativos mais básicos para mostrar aqui: o TypeTool, da FontLab.

O TypeTool é o editor de fonte básico da FontLab (www.fontlab.com). É apropriado para estudantes e amadores, bem como para profissionais criativos, constituindo uma boa escolha para qualquer novato no mundo da criação de fontes. Ele funciona em Macs e PCs. É importante, entretanto, verificar se a configuração de seu sistema é compatível com o software antes de instalá-lo.

Nas próximas páginas lhe darei uma breve visão sobre o funcionamento desse software, que é acompanhado de um manual detalhado de 380 páginas. Não deixe o tamanho do manual desinteressá-lo, porque ele é bem-escrito e composto de termos fáceis de compreender.

A PALETA DE FERRAMENTAS

A paleta de ferramentas geralmente é familiar para qualquer um que tenha usado softwares como o Adobe Illustrator e o CorelDRAW. Apresenta uma ferramenta de edição, uma borracha, uma faca, uma régua e uma caneta. Há também ferramentas para adicionar tipos diferentes de pontos de ajuste, para criação de forma básica e para rotação, escala, inclinação e transformação livre.

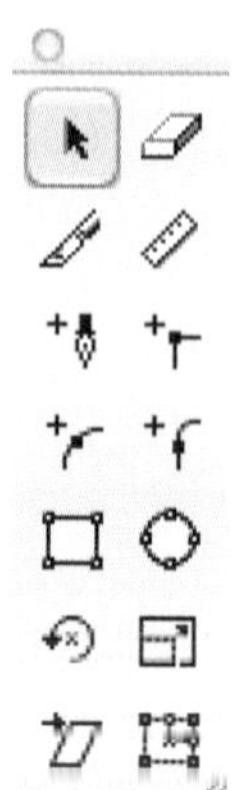

Font window

Quando você começar a criar uma nova fonte, algo que poderá fazer clicando em *File > New*, na barra do menu, ou abrindo uma fonte digital existente para editar, a primeira janela que verá será a *Font window* (veja abaixo), que contém espaços disponíveis para cada glifo. A fonte que aparece na ilustração abaixo é Archive Tilt, a mesma usada para os principais títulos neste livro.

Os espaços vazios, aos quais não foram atribuídos glifos, são cinza. Espaços brancos representam a variedade de glifos que já existem na fonte e os caracteres que aparecem em espaços cinza são só para referência. Os glifos devem ser adicionados aos espaços pré-atribuídos a eles para funcionarem corretamente quando digitados em um teclado-padrão. Para editar um glifo existente, clique duas vezes em *Font window* para revelar a *Glyph window*.

É na *Glyph window* (veja acima) que todos os desenhos e/ou edições são feitos. Se você clicar num espaço cinza, aparecerá nessa janela uma grosseira representação do glifo atribuído, que você pode esconder desmarcando a camada do fundo usando *View* > *Show layers* > *Background*.

A janela contém uma grade de fundo e mostra guias ajustáveis separadas para altura de maiúscula (a margem superior de todas as letras em caixa-alta), linha de base (a linha sobre a qual estão assentadas todas as letras de uma palavra) e as alturas-x (a margem superior das letras em caixa-baixa). Há também guias ajustáveis para indicar a largura do glifo. Estas são igualmente importantes porque definem o espaço entre caracteres combinados.

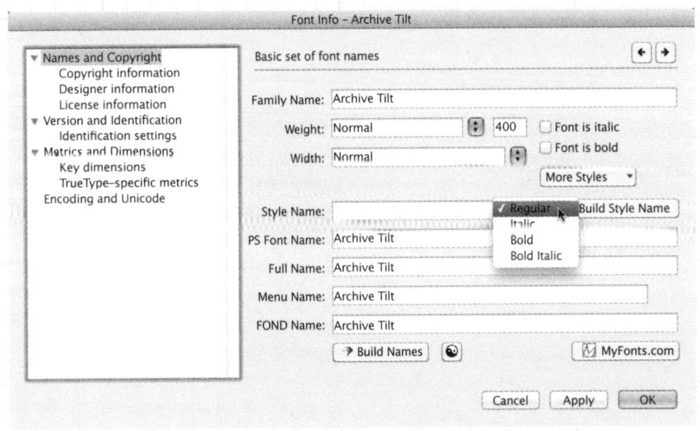

O painel Font Info

Antes de tratar da transferência dos desenhos de sua fonte para o *TypeTool*, vamos falar sobre um painel mais importante. O painel *Font Info* é o lugar para inserir todas as informações sobre sua fonte. Sem essas informações, o software de design não poderá incluir sua fonte desenhada à mão no menu de fontes.

Você verá no exemplo acima que o nome da família, *Archive Tilt*, está acima das informações sobre o peso e a largura. Essa informação é importante quando há mais de uma fonte da mesma família. Se todas as informações da parte superior do painel forem adicionadas, basta clicar em *Build Names* que os outros campos serão preenchidos automaticamente.

Transferindo esboços do Adobe Illustrator

É possível criar os contornos das fontes diretamente no painel *Glyph* do *TypeTool*, mas prefiro usar o Illustrator porque tem a área de trabalho mais flexível. Também é possível trabalhar em mais de um glifo, lado a lado, que pode marcar os problemas do projeto durante o processo criativo. Já falamos (nas páginas 150-151) sobre a criação de esboços vetorizados no Illustrator, mas também é importante observar que é preciso alterar uma das configurações-padrão do Illustrator para assegurar o funcionamento adequado desse processo. Na barra do menu do Illustrator, acesse *Illustrator > Preferences > File Handling & Clipboard* e verifique se as configurações em *Clipboard on Quit* coincidem com as da imagem abaixo. Se houver comando para copiar em PDF, a imagem que você colou no *TypeTool* será um bitmap cinza em vez de um esboço vetorizado.

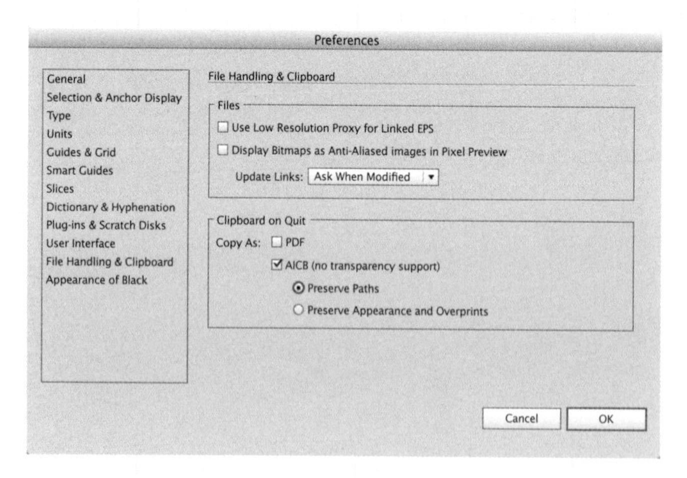

Para o próximo estágio do processo, é importante certificar-se de que todos os glifos criados têm tamanho consistente antes de copiá-los no espaço apropriado no painel *Glyph* do *TypeTool*. Como a opção-padrão para altura da maiúscula no painel *Glyph* é de 700 pontos, faz sentido usar essa medida também como padrão para seu arquivo de Illustrator. Usarei o "A" da fonte Skinny Fringe, criada por Michelle Tilly, na qual fiz um *auto-trace* (na página150) para este exercício.

Crie um novo documento com altura de pelo menos 700 pontos. Faça seu documento com altura de 900 pontos e largura de pelo menos 1.200 pontos (para acomodar glifos mais largos, como o "M"). Coloque linhas-guia a 100 pontos da borda do topo, base e esquerda, obtendo uma área de trabalho exata de 700 pontos de altura. Copie e cole seu glifo vetorizado no documento e alinhe-o com a intersecção do topo das guias, como na imagem abaixo. Você perceberá que a altura do "A" será muito menor que 700 pontos, mas isso não importa porque vetores podem ser aumentados infinitamente sem perda de qualidade.

Selecione todos os traços vetorizados que compõem o glifo e agrupe-os usando *Object > Group*. Dimensione a altura deles em 700 pontos. Faça isso clicando e arrastando o canto inferior direito do objeto agrupado para a direita enquanto mantém a tecla *shift* pressionada para manter as proporções do objeto. Alternativamente, insira os valores exatos nos campos relevantes, certificando-se de que clicou no botão com símbolo de corrente ao lado do campo de largura para mais uma vez manter as proporções de largura e altura.

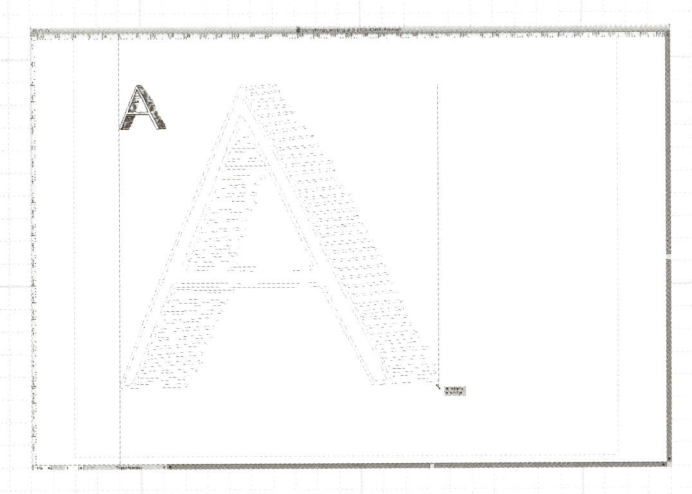

Satisfeito com as dimensões de seu glifo, mantenha-o selecionado e copie-o (Cmd + c em um Mac ou Ctrl + c em um PC). Depois, mude para o *TypeTool*. Abra a janela principal da fonte, se ainda não o fez, e clique duas vezes no espaço do "A" para abrir uma nova *Glyph window*. Cole os traços vetorizados selecionados em sua área de transferência (Cmd + v em um Mac ou Ctrl + v em um PC), e o glifo será colado ordenadamente na janela, na maiúscula correta e na linha de base definida (veja acima à direita). Agora salve seu arquivo, feche a *Glyph window* e estará pronto para seguir para a letra "B".

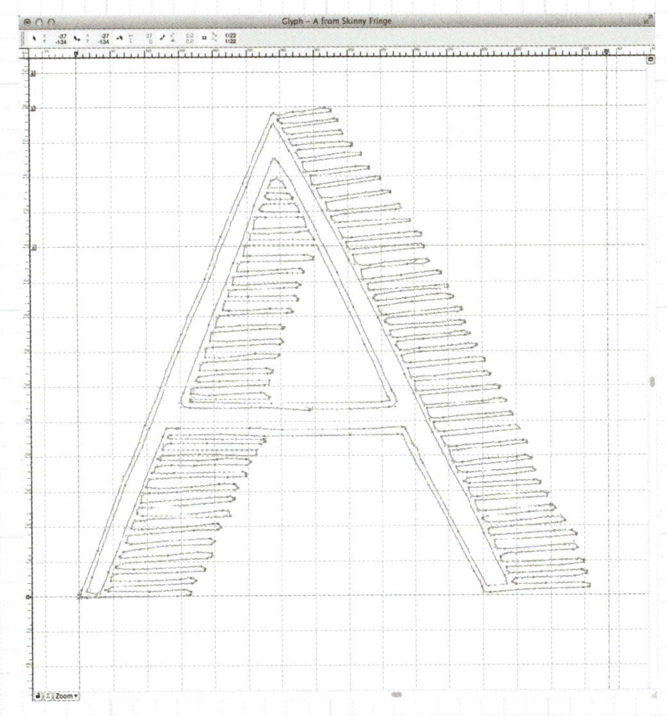

Como esta é uma breve visão geral do processo, recomendo obter uma versão de teste do software para você ter uma amostra do que vem pela frente. Mas usar um software como o TypeTool não é tão difícil como pode parecer no início, e é a melhor maneira de produzir a maior parte das fontes que você criou no papel ou no Illustrator.

Se você está engajado na criação de fontes digitais e quer um software mais sofisticado, experimente o FontLab Studio, que é usado pelas maiores fundições digitais de tipos. Como o TypeTool, detalhes e arquivos para download estão disponíveis em www.fontlab.com.

A ANATOMIA DE UMA FONTE

As fontes apresentadas neste livro são, por sua natureza, únicas. No entanto, elas apresentam características comuns a outras tipografias. Todas são regidas pela forma das 26 letras-padrão (e os outros glifos) em um conjunto comum de caracteres romanos. O diagrama abaixo destaca as principais características de uma fonte.

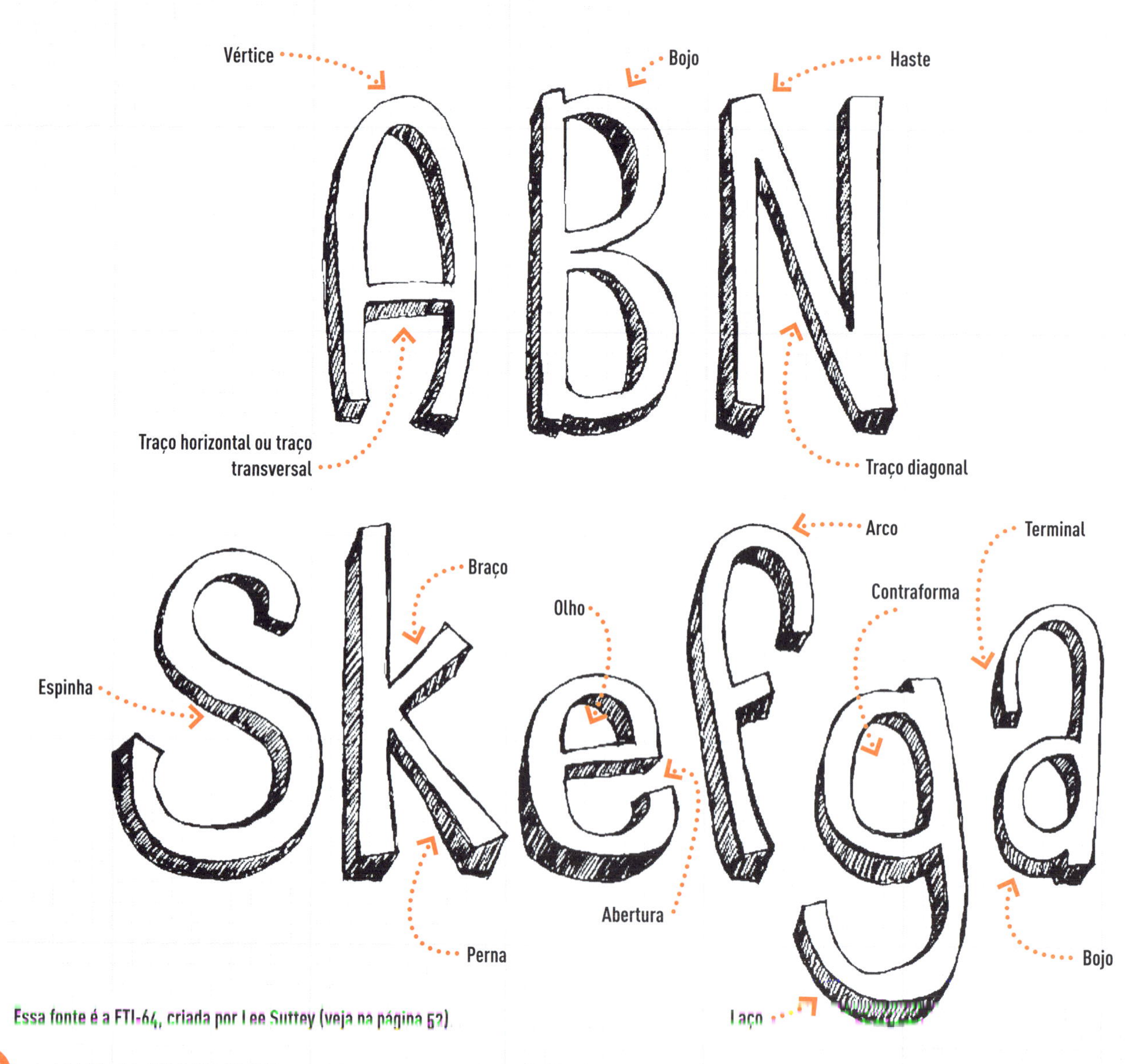

Essa fonte é a FTI-64, criada por Lee Suttey (veja na página 52)

GLOSSÁRIO

Abertura: espaço formado quando uma contraforma não é completamente fechada, por exemplo, em um "a".

Caixa-alta: letra maiúscula de uma tipografia. O termo tem origem na época em que os tipos de metal eram compostos à mão. As maiúsculas eram mantidas nos compartimentos altos de uma gaveta de tipos de metal para composição manual.

Caixa-baixa: letra minúscula de uma tipografia. As minúsculas eram mantidas nos compartimentos de baixo da gaveta de tipos.

Caractere: letra do alfabeto, algarismo, sinal de pontuação ou símbolo, como o "e" comercial (&), que podem ser representados em uma fonte. Por exemplo, "A" e "a" são o mesmo caractere, mas diferentes glifos (veja abaixo).

Contraforma: área interior de qualquer glifo. Contraformas podem ser abertas ou fechadas por traços. Por exemplo, a parte superior do "e" em caixa-baixa é uma contraforma fechada, enquanto a parte inferior é uma contraforma aberta.

Contraste de traço: diferença entre os traços grossos e finos em qualquer glifo.

Cursiva: termo usado para designar fonte desenhada com base numa caligrafia.

Fonte: coleção de glifos com tamanho e peso específicos. O termo também é usado para descrever os arquivos digitais instalados nos computadores (Mac ou PC), que permitem usar e imprimir tipografias.

Glifo: representação visual de um caractere. Por exemplo, é provável que toda fonte tenha pelo menos um par de glifos para cada letra — um em caixa-alta e um em caixa-baixa. Algumas fontes também contêm versões alternativas de caracteres, especialmente no caso de OpenType (veja na página 145) ou de fontes manuscritas.

Monoespaçada: tipografia na qual todos os glifos ocupam a mesma largura horizontal em uma linha de texto.

Olho: tecnicamente uma contraforma, o "olho" é o espaço fechado, por exemplo, na metade superior de um "e" em caixa-baixa.

Peso: descrição, baseada na espessura relativa dos traços, das diversas fontes de uma tipografia.

PostScript: no mundo da tipografia, PostScript é a linguagem de descrição de páginas criada nos anos 1980. Ele habilita fontes escalonáveis a ser geradas em qualquer tamanho com base em um original em vetor e proporciona os meios para os computadores transmitirem páginas completas a uma impressora com essa tecnologia, como uma a laser.

Proporcional: tipografia na qual todos os glifos disponíveis ocupam diferentes larguras horizontais em uma linha de texto.

Sem serifa: tipografia que não apresenta serifas.

Serifa: pequeno traço que algumas vezes aparece no fim de um traço mais grosso. Serifas geralmente são adicionadas às extremidades de fontes que são classificadas como tipografias "serifadas".

Serifa egípcia: serifa retangular em vez de afunilada, com final reto e pesado.

Tipografia: conjunto de caracteres que apresentam características específicas no design (veja na página 144).

Traço: qualquer linha usada para construir um glifo, como um traço de caneta.

SOBRE OS DESIGNERS DE FONTES

Wayne Blades
Wayne tem duas décadas de experiência como designer gráfico. Trabalha para empresas de design e editoras em todo o sudeste da Inglaterra. Ele é atualmente diretor de arte da Ivy Press (e contribuiu com algumas fontes para este livro) e está reformando uma propriedade de 1930 em Hastings em seu tempo livre (que ele não gostaria que tivesse começado).

Emma Frith
Emma estudou na Loughborough University of Art & Design e graduou-se como bacharel em 1996. Iniciou a carreira em editoração em 2003, trabalhando como coordenadora de arte para uma editora de livros. Ela faz também trabalhos eventuais: convites de casamento, capas de CD para bandas locais, fotografia e quadros multimídia, para citar alguns.

Katie Greenwood
Katie geralmente é vista procurando e fotografando imagens em Brighton [na costa sul da Inglaterra] e em outros lugares. Sua paixão por design, tipografia e ilustração a levou a rabiscar muito em horas livres e a publicar trabalhos criativos em www.katiegreenwood.com.

Vanessa Hamilton
Vanessa é uma designer gráfica autônoma, ilustradora, designer de jardins e ávida tricoteira. Ela estudou design gráfico na Central Saint Martins, em Londres, e trabalhou em tempo integral em edição de livros até decidir alargar seus horizontes por conta própria para explorar outras áreas do design. Vanessa trabalha em seu estúdio no campo, alternando a prancheta com a tela de computador.

Tonwen Jones
Tonwen estudou design gráfico e ilustração na Central Saint Martins antes de completar seu mestrado e trabalha como ilustradora autônoma há nove anos. Ela trabalha, principalmente, com colagem e utiliza como fonte sua grande coleção de revistas dos anos 1950, na qual ela procura imagens, objetos e texturas para tratar suas criações surrealistas, revelando sua visão divertida da rotina diária. Tonwen também gosta de desenhar padrões complexos em tinta ou caneta, misturando estilos e técnicas. Entre seus clientes estão The Guardian, Globe and Mail, TimeOut e Eurostar Magazine. Veja o trabalho de Tonwen em www.tonwenjones.co.uk.

Sarah Lu
Nascida em 1980, Sarah Lu sempre desenhou, criou e fez trabalhos manuais. Ela cresceu com clássicos como Blue Peter e Morph na TV e, nos últimos anos, dirigiu-se para o movimento digital como um "pato para a água". Apaixonou-se por tipografia com 11 anos e, aos 21, bacharelou-se em design gráfico. Até hoje, Sarah usa suas habilidades práticas para trabalhos manuais e com pouca tecnologia como base para seu trabalho criativo em design.

Dave Pentland
Design gráfico é sua paixão desde muito cedo. Depois de terminar seus estudos, ele decidiu estagiar e aprender como a indústria funciona. Começou na Red Design, em Brighton, Inglaterra, e posteriormente mudou para Cannes, na França, onde trabalhou para uma editora, antes de retornar a Brighton.

Holly Sellors
Holly desenha desde que aprendeu a segurar um lápis. Como artista/ilustradora autodidata, Holly tem dificuldade para tornar-se conhecida, mas com determinação e motivação conseguirá. Holly busca inspiração em seu entorno e é uma boa fotógrafa, colecionando imagens como referência para parte do seu trabalho e mantendo um caderno de rascunhos cheio de anotações e ideias. Para conhecer sua arte, visite www.projectlumino.co.uk.

Lee Suttey
Lee graduou-se em ilustração na Portsmouth University, em primeiro lugar no bacharelado. Continuou seus estudos com mestrado em design gráfico e ilustração. Ele também participou de uma exposição itinerante com o livro chamado *Changing pages*, com curadoria da Collins Gallery. Quando terminou seus estudos, Lee trabalhou para várias agências multimídia e de design gráfico em Londres até estabelecer-se como designer gráfico para impressos e digital com sua empresa, Visual Function. Lee gosta de usar cadernos de rascunhos e desenhar para ter ideias. Foi nesse hábito que seu amor por tipos desenhados à mão teve origem.

Scott Suttey
Desde que se graduou em ilustração, Scott trabalha como designer/ilustrador autônomo e como contratado em tempo integral. Ele tem grande variedade de clientes, incluindo editores, organizações governamentais e filantrópicas, trabalhando em projetos para impressos e digital. Ele sempre tem um caderno de rascunhos à mão e usa frequentemente tipos desenhados à mão para complementar seu trabalho de ilustração.

Michelle Tilly
Michelle estudou ilustração na UWE Bristol e, em 2006, tornou-se mestre em ilustração sequencial e design. Ela é uma pessoa comum que trabalha com importantes clientes, incluindo The Guardian, Specsavers, Q Magazine, Vodafone, &&& Creative e The Ivy Group. Ela se inspira no dia a dia e no estranho, e gosta de criar caracteres baseados nas pessoas próximas. Veja seu trabalho em www.runningforcrayons.co.uk.

Alex Wells
Alex é artista, fotógrafa e designer com graduação em ilustração. Ela ilustrou materiais para diversas bandas de sucesso e recebeu um prêmio pelo design da capa de *Puffin Post* em 2011. Contribuiu para dois livros ilustrados e, atualmente, colabora em vários livros e projetos de ilustração.

AGRADECIMENTOS

Agradeço primeiramente à turma legal da Ivy Press porque — admito — este livro não foi ideia minha. Pronto, já disse, e agora está tudo às claras. Este livro foi idealizado na Ivy Press antes de eu ser convidado, gentilmente, para me envolver no projeto. Então, um grande obrigado para Sophie Collins, Wayne Blades, Jayne Ansell e Judith Chamberlain-Webber por me convidarem. Obrigado também a Steve Luck por se certificar de que meu texto fazia sentido e não estava cheio de erros embaraçosos.

A equipe da Ivy também teve um papel fundamental na busca dos talentosos designers e ilustradores que forneceram as fontes que preenchem este livro. Agradecimentos especiais a Wayne, Emma, Katie, Vanessa, Tonwen, Sarah, Dave, Holly, Lee, Scott, Michelle e Alex. Espero ter interpretado corretamente seus conceitos.

Obrigado também a Ted Harrisson e a Lisa Devlin, da FontLab, pelo apoio e pelas recomendações durante a redação da seção "Digitalizando as fontes".

Finalmente, e como sempre, obrigado à minha esposa, Sarah, por me permitir escapar de fazer o jantar em várias ocasiões em que era minha vez, mas o prazo para entregar o livro estava se esgotando. Farei o melhor para recompensá-la.